精准营销

更低投入，更高回报

[美] 斯科特·杰弗瑞·米勒 著
Scott Jeffrey Miller

MARKETING MESS TO BRAND SUCCESS

30 Challenges to Transform Your Organization's Brand (and Your Own)

中国青年出版社

图书在版编目（CIP）数据

精准营销：更低投入，更高回报 /（美）斯科特·杰弗瑞·米勒著；谢怀栋译.
—北京：中国青年出版社，2023.10
书名原文：Marketing Mess to Brand Success: 30 Challenges to Transform Your Organization's Brand（and Your Own）
ISBN 978-7-5153-6993-8

Ⅰ.①精… Ⅱ.①斯… ②谢… Ⅲ.①品牌营销 Ⅳ.①F713.3

中国版本图书馆CIP数据核字（2023）第123506号

精准营销：更低投入，更高回报

作　　者：[美] 斯科特·杰弗瑞·米勒
译　　者：谢怀栋
责任编辑：肖妩嫔
文字编辑：侯雯洁
美术编辑：张　艳
出　　版：中国青年出版社
发　　行：北京中青文文化传媒有限公司
电　　话：010-65511272/65516873
公司网址：www.cyb.com.cn
购书网址：zqwts.tmall.com
印　　刷：大厂回族自治县益利印刷有限公司
版　　次：2023年10月第1版
印　　次：2023年10月第1次印刷
开　　本：787mm×1092mm　1/16
字　　数：180千字
印　　张：17.5
京权图字：01-2021-7348
书　　号：ISBN978-7-5153-6993-8
定　　价：59.90元

目 录

前言

《从管理混乱到领导成功：30个领导力挑战，成为你想追随的领导者》是我的第一本著作。刚开始写这本书时，我并不知道它会引起怎样的反响，也不晓得它会对我的生活产生怎样的影响。我写书的初衷其实很纯粹，亚马逊购物平台陈列着10万多种与领导力相关的书，其中满是关乎学术的沉思、带有原则性的洞见（由来自不同领域的人士讲述，如企业首席执行官或者美国海军海豹突击队退役成员）以及各种理解和驾驭人类情感的新方法。这些书的内容精彩纷呈。我花了大量的时间采访相关作者，并向他们求教。我真的钟爱且推崇其中的一些主题，但它们都不是我自己想写的那种类型。

回顾自己从业多年的心路历程，我的内心涌起一股强烈的冲动，我想开诚布公地讲一些自己的经历。对于很多人来说，此举或许过于开放，因为这样做，意味着我要承认并揭露自己职业生涯中的种种过失，那些策划不周、假设不当，甚至是一败涂地。那时候，这种开诚布公的热望尚未具体化，我还没有确定“混乱”这个主题。如果我只是讲述一些我职业生涯中的“本垒打”（高光时刻），就没有真正做到开诚布公。为了如实地表述自己的经历，对于那些在职业生涯中打出的“界外球”和出现的“接发球失误”，我也不能避讳。为什么呢？因为细细想来，正是这些让我收获颇丰，成长飞速，培养了我的职业敏感性，让我能够更好地察觉到一路上的“困局”和“成功”。正是依靠这种洞察力，“承认自身困局”这个主题才初具雏形。然而，甚至在那个时候，我仍然不知道这个概念会引起多少共鸣。

我有幸以嘉宾的身份参加过一些播客节目，也曾在一些公开场合和私人聚会做过主讲嘉宾。几乎毫无例外，我被问及最多的是，我怎么会如此不遗余力地劝导能力出众的专业人士暴露自身的弱点，承认并“坦白”自身的困局？有时我也会怀疑自己是否挖掘到了“真材实料”，是否切实深入到了人们的现实生活中。这个时候，一场演讲就足以让我坚持自己内心的想法；在南卡罗来纳州查尔斯顿举行的雷切尔·霍利斯的“崛起”（Rise）商业活动上，面向近7000名与会者，我做了这场演讲。这是一个庞大的受众群体，演讲结束后，听众们一遍又一遍地齐声高呼“承认自己的困局”（Own your mess）。这是一种掷地有声的认可。我们每个人都要面对众多困局，如果刻意逃避，我们非但不能从中吸取教训，而且还会对我们的事业、人际关系甚至自我的真实认知都会造成不良影响。或许，更为重要的是，当领导者承认自身的困局时，其他人也能够毫无顾虑地承认他们的困局。这是一种人人都想参与其中的企业文化。

另外，现在我正在撰写“破解困局，实现成功”系列的第二本“营销”主题的书，可能有人会问：斯科特，你自己制造了多少困局呢？或者，沿用我的棒球类比理论，我是否将自己的角色设定为电影《小熊成军》（*The Bad News Bears*）中的“熊孩子”？我的简短回应不仅是否定的，而且是绝对否定的。困局是实践过程中的必然产物。著名小说家尼尔·盖曼（Neil Gaiman）曾对此做出过完美的表述：“如果你正在犯错误，说明你正在创造。去尝试新事物，去学习，去生活，逼自己一把，改变自己，改变世界。你正在做自己以前从未做过的事情，更重要的是，你正在做事情。”所以，去承认自己的困局吧，因为它们是你在实践过程中的必然产物，证明你正在历经生活、成长和冒险，为自己设定目标，走出舒适区，在这个世界留下你的足迹。因此，我承认自身的困局并心存感激。当然，这也包括我在营销方面遇到的一些困局。

在我担任一家大型跨国上市公司的首席营销官时，一位同事曾指责我“对营销一窍不通”。这个人是我特招进来的，我还曾四处奔波，帮助他们筹集项目资金。为了避免大家产生疑惑，我要说明一点：他对我的这一指责并不是在私人聚会上的酒后吐槽，而是当着4名公司经理的面说的，这4名经理还都是我的下属。

你什么也不懂[1]，斯科特·米勒。

究竟造成了多少市场营销的困局才能让我受到如此责难呢？可以肯定的是，不止一个，或许很多很多。所以，在本书中，我精挑细选了30种最普遍的营销困局（也可称之为潜在的成功因素），不论岗位等级、公司规模或业务类型如何，营销方面的专业人士经常会陷入这些困局之中。当然，这些并非都是我的亲身经历，也有一些是别人的故事，包含了我30年的正式和非正式营销职业生涯中的所见所闻。本书谈及的许多困局要么源自我的亲身经历，要么是我亲眼目睹且以某种方式卷入其中的困局。因此，你可能会发现本书也可以视为一本市场营销的职业指南，你这样想也没什么问题。但是，本书不是市场营销学的“4P”【产品（Product）；价格（Price）；渠道（Placement）；推广（Promotion）】理论手册，也不会教你适应新的营销工作。如果你在寻找这一类指导性的书，那你不仅读错了书，而且还找错了工作。如果你买这本书的目的，只是为了用作书的护封，用它来遮住飞行旅途中聊以消遣的言情小说或者在绩效评估时读的哲理书，那么请自便。

“破解困局，实现成功”系列第一本书的主题是“管理”，后来我之所以将主题转向了“营销”，是受到了我的一位教练的启发。她告诉我，我总是处于一种想要说服他人的模式，总是试图说服和影响别人，让他们像我一样思考，跟随我的领导，相信我所相信的东西，或者做我想让他们做

[1] “你什么也不懂”（You know nothing）是《权力的游戏》的经典台词。——译者注

的事。颇有讽刺意味的是，，她意在批评我的行事风格和个性，而我却将其当作一种恭维（我在对她表示感谢时，她不由自主地翻了翻白眼）。但这让我意识到，说服（即让某个人或某个群体去接受你所相信的事实）才是营销的真正意义所在。在理想状态下，这种说服可以转化为个人或群体接受你的服务、加盟你的品牌、支持你的事业、给你的候选人投票或购买你的产品。如果他们会按照你的意愿去做，那么说明你的营销工作做得很好，如果不会，那就是你的失职。欢迎来到营销的世界。

当我在富兰克林柯维公司（FranklinCovey）[1]担任首席营销官时，我参加过许多全球发布会，包括主持专题小组，管理α和β基金投资，实施质量检验，设计新标识，构思品牌口号，核准字体，开展广告宣传活动，准备新闻稿，制作广播节目、出版物和数字广告，举办现场活动，等等。我也曾参与过以下方面的工作：制作演示文稿文件、工作手册、赠品和伴手礼；负责电子邮件营销、网站、横幅广告、点击付费、赞助活动、搜索引擎优化、营销自动化、直邮广告、文稿审校、贸易展览会（数量众多）、网络广播、播客、各种篇幅和格式的纸质、数字和有声图书、杂志专栏、主题演讲、卫星下行信道传输、面向全球观众的直播活动……各种工作内容不胜枚举。我写过的文案比大多数麦迪逊大道[2]的执笔者还要多，校对过的目录和通讯文稿比老成历练的编辑还要多。如果你是一个量化主义者，想用时长来衡量我在市场营销领域摸爬滚打留下的伤疤印记，我的经历已经远超1万小时的“专家”级别，比这多10倍也不止。所有这些并不是吹嘘我的营销工作做得有多出色，经历有多么丰富，而是为了说明我这一路躬行实践，并非纸上谈兵。如果你在自己的营销领域耗费同样的功

[1] 这是一家专注于改善绩效的全球化公司，为各大组织和个人提供效能培训、生产力工具、战略执行和评估服务。——译者注

[2] 纽约曼哈顿区的一条著名大街，美国许多广告公司的总部都集中在这条街上，因此这条街逐渐成为了美国广告业的代名词。——编者注

夫，你也能获得类似的洞见和直觉，或许你可以从阅读这本书开始，领先别人一步。就我个人而言，我更推荐后者。

鉴于“破解混乱，实现成功”系列第一本书《从管理混乱到领导成功：30个领导力挑战，成为你想追随的领导者》[1]的影响，本书沿用类似的编排，系统地整理了30个挑战，方便你根据主题，随时选择阅读自己想迫切了解的内容；或者，你也可以按照顺序，逐一翻阅。这30个挑战可以整合到你的月计划表里（如果你觉得合适，每天一个也可以），并按照每个挑战最后的总结“破解营销困局，实现品牌成功”的提示实施行动。这本书专为你而创作，为你所属，所以你可以给你喜欢的内页折角，在段落下面画线，你可以每次只读一小部分，也可以一口气读完。

正如前文所言，我在本书中提出的营销挑战不仅是承认我自身的困局，而且是去掌控它们。这意味着你要去研究，去反思，并从中梳理出一些原理，最终能够从中获益。也许最重要的是，你可以慷慨地与他人分享这些挑战。因为正如你从自己的困局中获益一样，领导者所拥有的真正才能，是让其他人也可以从他们的困局中获益。这里所谓的“获益”是一种洞察力，它不仅可以丰富你前行的方式，而且还可以提高你预见未来的能力。我们可以把它想象成《猜歌名》（*Name That Tune*），这是一个老派的游戏竞猜类电视节目，参赛选手会根据听到的音乐线索，并回应需要多少个音符才能够猜出某一首歌曲的名字，以此来赢得积分。每次选两名选手对战，逐渐减少播出音符的数量，进行一对一的对抗赛，直至一名选手猜出歌名，并宣布：“好了，我已经猜到了！”因此，对方选手通常需要在一两秒钟内识别出某一特定歌曲。

那么，需要多少营销的“音符”，你才能“说出”自己的困局呢？如果你勇于接受挑战，去掌控自己的困局，并能从我分享的困局中有所收

[1] 该书击败《成就》，获2019年度领导力杰出文献作品奖，2020年由中国青年出版社出版。该书同样列出30个挑战（见265页表格）。——编者注

获，你会在“音乐”（即你的营销职业生涯）结束之前，发现这些隐患。

挑战1 对客户保持沉浸式关注	**挑战2** 营销不是一个部门在战斗	**挑战3** 紧盯现金	**挑战4** 做业务发展的领导者	**挑战5** 理解并阐明你的项目章程
挑战6 决定自己的任期	**挑战7** 严重受挫，快速恢复	**挑战8** 过犹不及	**挑战9** 不要只做自己最熟悉或最喜欢的事	**挑战10** 提高你的商业敏锐度
挑战11 界定最小有效市场	**挑战12** 制定流程，发挥创造性人才的作用	**挑战13** 并不是越多越好，更好才是王道	**挑战14** 愿意转变自身观念	**挑战15** 与竞争对手为友
挑战16 永远不要忘记你有两个买家	**挑战17** 聘用比你更聪明的人	**挑战18** 把噱头留给好莱坞	**挑战19** 选择正确的衡量指标	**挑战20** 塑造外在形象，熟悉客户旅程
挑战21 用客户的语言进行交流	**挑战22** 创建重要的潜在客户名单	**挑战23** 支持者就是“活广告”	**挑战24** 纸质营销的重磅回归	**挑战25** 塑造始终如一的品牌标准
挑战26 评估展会策略	**挑战27** 灵活应对全面数字化	**挑战28** 培养讲故事的能力	**挑战29** 培养写作能力	**挑战30** 设定并提升品质标准

挑战 1

对客户保持沉浸式关注

你是否因为过于关注组织内情，

而忽略了外部客户？

俗话说："前车之鉴，后事之师。"那么，让我们从一个简小的历史教训开始吧。

1992年的美国总统大选是我们有生之年所见到的政治运动之一。这是近代历史上第一次有3位候选人参加的大选。你可能会问，怎么有3位候选人？没错，罗斯·佩罗（Ross Perot）出乎意料地以独立竞选人的身份，对美国总统的位置展开了强有力的角逐。很多人表示，他的参选影响了此次大选的格局，让竞选优势从乔治·H. W. 布什一方转移到了阿肯色州州长比尔·克林顿一方，因为当时克林顿的竞选优势并不明显。或许不论佩罗参选与否，此次大选都可能是同样的结果，但是他的参选挑战了传统的两党制，为改革党的发展铺平了道路（虽然改革党并没有延续下去）。

当时，由于伊拉克入侵科威特而引发的第一次海湾战争刚刚结束，时任美国总统的老布什（后来因其儿子当选为总统，而被称为"第41任总统布什"）的总统竞选支持率达到了前所未有的高度，民众支持率达到90%。许多人都以为他这次连任胜券在握。然而，众所周知，政坛风云变幻莫测。当时，美国经济急剧下滑，经济学者金柏莉·阿马德奥（Kimberly Amadeo）在其2019年的研究中说道，彼时美国的失业率已高达7.4%。美国的储蓄贷款危机导致数百家银行破产，给整个美国的社区带来了灭顶之灾。克林顿和阿尔·戈尔搭班参加美国总统大选，民主党的两名候选人都是南方人，这种局面在现代历史中还是第一次出现。克林顿是阿肯色州州长，戈尔是田纳西州的美国参议员，而且当时两人都相当年轻。

那时的克林顿桃色绯闻缠身，在其背后的智囊团中，民主党的秘密武器之一是一对政治新秀：詹姆斯·卡维尔（James Carville）和保罗·贝加拉（Paul Begala）。这二人后来从事过多种职业，如专家、作家、演说家和战略家，在全球名声大噪，红极一时。我最喜欢的一本书就是詹姆斯和保罗写的，书名是《当你犯错时，振作起来，停止抱怨……从头再来》（*Buck Up, Suck Up... and Come Back When You Foul Up*）。

人们普遍认为，正是这二人建立了第一个现代“政治作战室”，为克林顿和戈尔赢得了1992年的大选。这一“作战室”其实是一个通讯中心，为竞选提供快速反应的信息策略，在此也诞生了一句广为人知的竞选标语“笨蛋，关键是经济”（It’s the Economy, Stupid）[1]。房间里的标牌上实际写的是“经济，笨蛋（The Economy, Stupid”），后来才演变成了“It’s the Economy, Stupid”。我们将在后续继续讨论这个标语的演变。当时，他们近乎疯狂地专注于己方的信息传达，大力抨击当下不断衰退的经济现状，只有这样，他们才有可能击败本来就广受民众拥戴的时任总统老布什，这句话就是当时竞选状况的真实写照。时至今日，我还能想象出这样一幅场景：小石城克林顿竞选总部悬挂着一张标志性的宣传标语——“笨蛋，关键是经济。”

剩下的就是历史了，老布什的总统任期只有一届，他的儿子小布什当选了美国第43任总统，连任过一届，不要将这二者混淆了。

我之所以分享这个政治故事，是因为“笨蛋，关键是经济”对于政治竞选来说，就像“笨蛋，客户才是重点”对于营销团队一样。

营销人员需要认真对待自己的工作，就像竞选美国总统一样。毕竟，简单来说，政治战略家在试图赢得白宫这方面，与营销人员在本质上是一样的，只是前者收入更多而已。

就像政治活动一样，在市场营销中，营销人员的注意力也很容易分散。在竞选活动中，你的对手总是试图分散你的注意力，让你偏离原先热衷谈论的话题重点。很多人可能不记得了，在1998年老布什和杜卡斯基竞选美国总统的大部分时间里，原先讨论的核心话题（你还在尽心尽力做事吗？）变成了“焚烧国旗”。几个月来，整个美国都在讨论“你有权利焚烧美国国旗吗”这个话题。我不是在开玩笑，这真的是当时美国数月都在

[1] 克林顿的竞选总部贴出的标语，以此来批评竞选对手老布什糟糕的政绩。——译者注

讨论的核心问题。两位主要政党候选人也都发现，他们在每一个竞选站点都在谈论这个问题。我们在每一次选举中都看到了话题的转移——先是抛出一个极端对立的问题（或者这个话题可能是由其中一方候选人阵营炮制出来的），然后另一方候选人被迫持续保持一种防御状态；或者更糟糕的是，他们未经深思熟虑，就草率地表明自己的立场。可悲的是，这种做法却能够有效地分散对方候选人和投票公众的注意力。

在市场营销中，也存在着同样的问题。然而，这种干扰通常不是来源于外部力量，反而是祸起萧墙，不仅仅来自于广泛的组织内部，而且很可能就在营销部门内部。这不是一种谴责，而是一种普遍的人类行为。我们在生活和工作中面临的选择越来越多，每个人都很难保持专注，而且会越来越难。一项关键的领导能力就是能够专注于成功的重点，抵制那些容易使人分心的种种诱惑干扰。在这个充满着无限渠道、平台、客户、细分市场、衡量标准、海量信息等的世界里，专注也正在成为一种关键的营销能力。

在本章挑战以及后文的29个挑战中，我想给你提个醒，你和你的营销团队要以你们的客户为中心。这听起来似乎很简单，但它可能是你面临的最大诱惑之一。我不确定自己是否真的以客户为中心，这可能是我最大的营销困局之一。相反，我把注意力集中在公司最高领导层优先关注的重点事项和公司自身的需求上。向上领导是一项天才的职业发展战略，确保了我的任期和影响力，尽管有些人可能会称之为“溜须拍马”。虽然我并非阿谀奉承之人，但我非常擅长确保我领导的下属团队执行公司内部确定的优先事项，事后看来，其中许多事项并不总是以客户为中心。不论我们身处怎样的职业领域（市场营销、财务、创新、销售、运营等），我们中的许多人都不知不觉地沉沦于现实，我也不例外。把你的个人评判先抛到一边，欢迎你来到多数人真正要面对的现实职场。在所有企业文化中，人们本能地想要在企业内部求得生存和发展，这种本能往往会致使我们的工作远离客户的需求。无论是在公共部门和私营领域，在营利性和非营利性公司，还是在政府和政治舞台上，这一点都是不言自明的。你越是意识到这种自然的人类现状，内在地专注于自身组织（以及自身的相关性），你就越能够外在地将这种意识转移到客户身上（并最终极大地提升自身的价值）。

组织内部营销的独特之处在于，每个人似乎都对你过去的、现在的和将来的活动有自己的看法。我不记得有多少次参加过这种会议：在会上，我要为计算息税折旧及摊销前利润（EBITDA）提供金融方面的建议，或者与信息技术部分享自己在云计算方面的技术理论。对于那些不请自来的帮助，或许我应该给予其更多的回馈。如果我把每次参加高管团队会议得到的指示都一板一眼地传达给另外一位职能部门的领导，并说："你知道，根据那个天才的评价，你应该从事营销工作。"作为一名市场营销人员，你的主要管理职责是代表客户，专注于客户。在每个关键时刻，各种内部力量和观点都会分散你的注意力。你需要克制一下。有些内部观点或许是出于好意，但通常自相矛盾，反而会分散你的注意力。不让自己屈从于这些观点，保持一种对客户的沉浸式关注，其中最大的障碍可能就是你自己。制作一条类似于克林顿和戈尔"作战室"里张贴的标语——"笨蛋，客户才是重点。"，提醒每一个走进你办公室、部门、大楼、园区或虚拟会议的人，让他们知道，你站在客户的立场上看待一切。如果你愿意，可以将其作为你们的视频会议的背景。

这可能会让别人感到厌倦，或许也会让自己疲惫不堪，但这样做是对的。以客户为中心不仅可以更好地整合营销资产，还能够让你成为其他部门的沟通渠道，因为这些部门可能永远接触不到客户。如果这些部门与客户有交集，很可能是催开近期的发票或解决商品运输的问题。你在营销中的角色是尽可能地接近客户，这样你就可以在会议上代表他们，并且用他们的语言来表达他们的需求，甚至可以比他们做得更好。为了描述你与客户之间的营销关系，我引用史蒂夫·乔布斯（Steve Jobs）这一段意味深长的话：

> 有人说："客户想要什么，我们就给他们什么。"但这不是我的做事方式。我们的工作是赶在顾客前面，提前想到他们的需求。亨利·福特曾说："如果你问顾客，他们想要什么样的出行工具，他们可能会告诉我说：'一匹跑得更快的马儿！'"你把商品摆在他们面前，他们才能知道自己想要什么。这就是为什么我从来不依赖市场调查的原因。我们的任务是研读还未付梓问世的东西。

若要实现乔布斯的愿景，你需要成为一个未来主义者，同时具备非凡的好奇心与倾听的能力。这需要你表现得强势一些，加上足够的耐心和谦逊，赶在客户前面，以提前预测他们的需求。过多的猜测只会让你构建的解决方案无人问津，过于骄傲自满则会让你在竞争中屈居人后。预测客户的需求需要超乎寻常的态度，倾听他们的声音。

带着这种对客户的执念，你可能需要离开办公室，错过重要的公司会议，这可能会危及你在公司内部的政治地位。再强调一次，这种思维和实践方式是正确的。在可行的情况下，投入尽可能多的时间，与现有客户甚至是潜在客户待在一起，这样，当你回到办公室，就能理智地谈论外面正在发生的事情。你能把工作重心放在客户身上吗？或许吧。这取决于你们公司的企业文化，但你最终必须决定如何平衡自己的时间、预算和精力。

事实上，市场营销人员的大部分工作内容是了解内部组织的权术之争，在其中实现自身的茁壮成长。

在我担任首席营销官期间，我在实践方面下了很大功夫，但回头来看，主要是跟我们的销售团队待在一起。我倾听他们的需求，这些需求在"当下"都是合理的，这也推动了我们营销团队的工作，我们为他们做后勤保障，开发了很多东西。然而，细细想来，通常我距离客户只有一步之遥。下面这种情况并不总是会发生：我主持并推动了数百场客户参与的营销活动，因此多年来我遇到过成千上万位客户。这对我的公司形象很有助益，但我也总是会在活动现场进行宣讲，无一例外。飞到克利夫兰参加公司主办的3个小时的营销活动，向首席学习官和人力资源官介绍我们的企业价值理念，与他们握手，这是我每周都会进行的活动。随后，我就跳上一辆出租车，赶往波士顿，第二天，在那里重复着同样的活动。这种做法并不是关注外部，以客户为中心，而是关注内部，以公司为中心。这一点，我做得很好。然而，如果我必须重新来过，我不会把时间浪费在公司内部的品牌管理方面，而是会抽出更多的时间，走出公司，去拜访真正的客户，倾听他们的需求。我自己遇见且关注过成千上万的客户，希望他们从未在我身上感受到过这种糟糕的工作状态，但如果你足够真诚，你会看到自己也处于同样的这种工作状态。

实际上，你所做的工作并不是你应该做的事情。要充分认识到这一点，并将其融入到你的个人实践。

我希望第一个挑战可以为你奠定基础，帮助你抵制营销职业生涯中的日常诱惑，让你避免卷入一些麻烦当中，教你学会如何绕着“毛球”（即公司内部事务）转圈圈。在本书中，我将给你推荐许多书目，所以，准备好你的信用卡。我推荐的前十本书之一是戈登·麦肯齐（Gordon MacKenzie）的《绕着大毛球飞行：寻找工作的从容轨道》（*Orbiting the Giant Hairball: A Corporate Student's Guide to Surviving with Grace*），这是每一位营销人员的必读书目。它实质上并非专注于营销话题，但这本杰出的专著会教你认识麻烦（也就是你的公司），教你避开其致命的引力，不让自己卷入其中，不至于影响你对客户的关注。

鞋盒（Shoebox）贺卡就是这样问世的。在相对保守的贺曼公司（Hallmark）的贺卡中，鞋盒贺卡是一款比较前卫的分支产品。这是一次华丽的转身；如果你读过鞋盒贺卡诞生的经历，你将彻底改变管理自己营销职业生涯的方式。作为营销部门的领导者，你的工作就是为客户代言。公司的其他部门会很自然地吸引到你，让你偏离客户，将你重新拉回编织“毛球”的工作中去。这并不意味着这些部门的人员故意使坏、庸懦无能或是忽视客户，只是因为他们通常在公司中扮演不同的角色，或许自然而然地更关注内部状况。作为一名营销人员，需要极大的勇气、自律、专注力、毅力和外交手腕，不惜一切代价，才能抵制这种诱惑。这个“毛球”（你的公司）存在的唯一原因是因为有客户。因此，国际知名作家斯科特·杰弗瑞·米勒写出了这样天才的名言：“笨蛋，客户才是重点。”

破解营销困局，实现品牌成功：
对客户保持沉浸式关注

- 在接下来的几天里，在你参加和主持的每一场会议上，静静地聆听。
  - 注重营销监测：监控客户得到关注（或者被提及）的次数。
  - 如果客户的需求排在你的需求之后，你如何满足他们的需求，完成自己的营销任务呢？不要对别人评头论足，只需针对讨论内容，列出一个清单，结果肯定会让你大惊失色。
- 和同事们讨论你的观点，不要驳任何人的面子。
  - 承认自己随波逐流的态度。
  - 制订相关流程或提醒系统，把客户拉回到前方，放在中心位置。

- 在每一个合适的会议场合，都要考虑花5分钟的时间讨论会议主题与真实的、确定的、核实过的客户需求之间的关联性。
    - 并非每次会议都需要以客户为中心；讨论公司401K计划[1]自然是以公司内部为中心。但是在很多主题会议上，比如公司的节日派对、一年一度的总裁俱乐部旅行、下一个市政厅之行等，你都可以考虑花些时间解决客户的需求问题，包括增加对客户的关注。
- 安排一次新的（短时间的）定期会议，可能每周一次，时间不超过30分钟，只围绕客户话题展开讨论。每次提出一个想法，都要问这样一个问题：
    - “我们怎么知道的？”
    - “是哪位客户告诉我们的？”
    - “他们的告知对象都有谁？”
- 假设你有一个“作战室”，此时此刻张贴着的标语写些什么？
    - 我猜应该是“更快地增长”“更高的利润率”“安全第一”或者“杜绝浪费”。
    - 假设你是一个疯狂注重客户需求的人，那么你的标语又会怎么写？

[1] 401K计划，也称401K条款。它始于20世纪80年代初，是一种由雇员、雇主共同缴费建立起来的完全基金式的养老保险制度。——编者注

挑战2

营销不是一个部门在战斗

你们公司的人是否都认为，营销工作应该完全由你和你的团队负责，或者他们是否明白他们也在其间扮演着至关重要的角色？

市场营销应该是公司中最不孤立的部门。通常来说，财务、运营、供应链、产品开发和人力资源等都是相当孤立的部门。这不是一本关于公司发展的书，所以其中的利弊，我暂且不谈。在我看来，市场营销是每个人的工作。市场营销工作与在亚洲寻找供应商，与客户敲定付款条款，培训新员工和管理公司效益等工作不同，通常情况下，这些工作最好分别交由各自相关部门负责。

简而言之，营销工作，人人有责。当然，通常会由一群人组成一个团队，由首席营销官或副总裁来领导，但要破解这种营销困局需要不同的思维方式。这是从"营销为品牌负责"到"每个人都为品牌负责"的转变。因为如果每个人认为自己不应该为品牌负责，那就麻烦了。这种思维方式来自一句类似的俗语："每个人不管做什么工作，实质上都在做销售。"所以，这里只要把"营销"替换为"销售"，你就明白了——每个人都与市场营销息息相关，不论其角色如何。

从最简单的形式来看，营销就是树立一个品牌，让买家了解并信任这个品牌，购买该品牌的产品或服务，最好还可以转告其社交圈子里的其他人购买。每家公司都希望尽可能快速地、可持续地、低成本地实现这一目标。实现这一目标有很多种方法，其中之一是培养品牌大使，也就是"狂热的品牌推广者"，他们竭尽所能，无时无刻不在宣传你的产品或服务。贝恩咨询公司（Bain）著名的净推荐值（NPS：Net Promoter Score）调研体系的主导者、《终极问题》等畅销书作家弗雷德·赖克哈尔德（Fred Richheld）表示，顾客对品牌的忠诚度可分为十个等级（0—10分）。得分为0—6分的为"贬低型客户"，他们与朋友和家人分享其使用某品牌负面经历的可能性是"推荐型客户"（得分为9—10分）的两倍。另外，得分为7—8分的人群属于"消极满意型客户"，他们对品牌总体满意，但仍然会考虑选择其他竞争品牌的产品或服务。近年来，NPS体系之所以风靡全球，一定是有原因的。我认为，也许是无意中，NPS在公司内部引发了一场对话，讨论的话题不仅关乎外部推广者的价值，还包括内部推广者的价值，或许可以将你的同事视为“宝藏品牌形象大使”。

暂且放下这本书，给自己一分钟时间，想一想在你的公司，有多少员工可以称得上品牌形象大使，你可以更好地培养他们，以支持你的业务增长。有一年，在我担任富兰克林柯维公司的首席营销官期间，我参加了公司的年度会议，不出所料，我的谈话偏离了原来的计划。我即兴发表了一段讲话，表示会议室里的每个人，包括全球数千名参加视频会议的同事，实际上他们都是公司的品牌形象大使，都在参与“营销工作”。尽管富兰克林柯维公司拥有数以万计的重要客户，但是其美国销售团队仅有200人，每年他们都要与2万名现有客户和潜在客户进行面对面的交流。面对面交流是我们销售策略的支柱，也是一项至关重要的销售方式。事实上，面对面交流是实现目标、满足预算和保证收益的关键。从算法上讲，我们知道与客户会面时，平均每个小时可以给双方带来多少收益。你的公司或许也应该效仿这种做法。

这意味着仅在美国，每年就有2万次机会来创造积极的品牌体验。这一点很重要，但是，考虑到不直接参与销售的员工基数更大，这种说服力似乎就不足为道了。（我知道，每个人都参与销售，所以请耐心听我说。）我说的是与每一位员工的每一次接触，无论是在晚宴、夏季野餐、行业会议、航班或是火车上的闲聊，还是与公司品牌无关的社交媒体上。在每一次互动中，我们都是品牌大使，每一次互动都有可能强化或弱化公司的品牌。

几年前，我曾与一家大型娱乐公司合作。该公司有一项极其严格的规定：所有员工“零接触”社交媒体。也就是说，若想在这家公司工作，就要远离各种形式的个人社交媒体，没有任何商量的余地。该公司不仅禁止员工发帖，而且还不允许他们拥有社交账号，无一例外。我猜想，在接下来的几年时间里，这种情况可能会有所缓和，但是，这恰恰证明该公司对自身的品牌是多么悉心呵护。我并不是建议你制定同样严苛的公司政策，而是想让你认识到，像这种在社交平台上无所顾忌地发帖，很容易削弱或抹黑公司的品牌，对其造成实质性的损害。如果你只是简单地将营销视为公司中一个单独的部门，在这个部门里，只有一部分人担任公司的品牌大使的工作，你就会陷入困局。

在你的员工中，有多少人社交媒体上的用户信息会显示他们的雇主、职位和工作联系方式？人数可能比你想象的要多。

在互联网上出现与工作场所相关的视频，这对首席营销官来说是最可怕的噩梦。如何摧毁一个品牌？发布一段快餐店员工用拖把清理餐厅桌子的视频，看一段咖啡师在咖啡杯上用带有种族歧视意味的字词写下替代顾客名字的视频，或者让一位同事在公司的复印件上复印其臀部的照片，再将这个“杰作”发到社交平台上，用公司的招牌作为背景。这会让公司品牌“尾”靡不振（双关语）。

然而，这种事情也并非总是充斥着“阴谋论”。

几年前，我有这样一位同事叫蒂娜，她做事非常专业，经常出差在外。但是，她曾在社交媒体上严厉地批评过一家航空公司，而这家航空公司恰好也是我们的长期客户。一位专业人士竟然会犯如此低级的错误，我读到这则消息的时候，感到有点难以置信。由于有一段不雅视频流出，视频中该公司员工对待客户的行为非常恶劣，我简直不敢相信，蒂娜会含沙射影地评论这家航空公司近10万名兢兢业业为其尊贵客户服务的员工，贬损该公司的品牌形象。这家公司本就面对非常棘手的公关危机，不需要乙方公司的员工再来火上浇油。记住，无论你知道与否或是喜欢与否，你都是雇主的品牌形象大使。

我把这个帖子拍照，发给我们公司的人力资源官，他们迅速联系了蒂娜，与其进行了妥善的沟通。她对自己的失误判断表示歉意，并迅速删除了这条帖子。事实上，给我留下更深刻印象的是她对别人反馈意见的回应方式，而非帖子本身。坦率来讲，我们都经历过这样的事情，包括我自己。在情绪激动时，我们会对别人做出评判，但并不总能达到我们为自己和组织设定的标准。如果你当面一套，背后一套，那就是虚伪。要绝对认可躬行己说，身体力行。如果别人指出你的错误，要立马承认自己的问题。不要为自己辩解，而是要感谢别人的提醒。记住，我们从失败中学到的东西要比从成功中学到的多。

我所知道的从营销困局实现品牌成功的最佳策略之一，就是培养公司中的每一个同事。不论公司的规模或影响力如何，员工的行为都是公司整体品牌的直接反映。是的，这是一个很高的标准。但是，不论你喜欢与否，他们都已经成为了潜在的“贬低型客户”和“推荐型客户”。

由于我经常乘飞机，我还能举出另外一个航空公司的例子。作为达美航空公司的常客，最近我应邀参加了一个焦点访谈小组，小组成员由7位经常乘坐该公司航班的旅客组成。我乘坐达美航班飞行的里程超过200万英里[1]。这家航空公司把我们7个人集中在当地的机场休息室，展开会谈，就他们的品牌和我们的旅行体验，问了一些尖锐的问题。达美航空召集了大约40名员工，其中包括行李搬运工、票务员和检票员、空乘人员，甚至还有飞行员。他们提出的问题包括我们对他们公司制服的看法，以及我们是否喜欢他们推出的常飞旅客福利。我真诚地称赞了几次他们的服务，但随后也提出了批评意见，毫不客气地告诉他们，我厌倦了听机组人员抱怨他们自己的航空公司。我所谓的抱怨是指每位旅客迟早都会目睹的整个行业范围内的厌倦心态。

如果我坐在飞机的最前面或最后面，或者坐在接近机组座（jump seat）的时候，很容易就能听到他们的员工发出不负责任的牢骚声和叹息声。虽然这种抱怨也是人之常情，可以理解，但是，当我在使用达美航空

---

[1] 英美制长度单位。1英里合1.6093公里。——编者注

的服务时，我听到他们对于内部的抱怨，这并不能培养我对其航空公司的忠诚度。他们的谈话内容通常包括长时间的中途停留、未能完成的日程安排要求，或者是由于其职业角色往往不讨人喜欢而带来的其他烦恼。我想对所有空乘人员说：我们非常真诚地感谢你们的服务、耐心和友善，但可悲的是，你们在粗鲁和自私的乘客面前失了风度。不管你是在知名企业诺德斯特龙百货（Nordstrom）、塔吉特（Target）百货或塔可钟（Taco Bell）快餐店工作，还是在当地娱乐中心工作，工作中难免都有不尽如人意之处，但是万万不能让顾客听到我们的抱怨，让我们在这一点上达成一致。

值得称道的是，达美航空不仅证实了我的批评意见，而且随后还在全公司范围内，就解决这个问题可能采取的下一步措施展开了讨论。我本来就是这家航空公司的忠实客户，那天以后，我的忠诚度又提升了。如果要用NPS体系评分的话，我给达美航空打11分！

每个人都与市场营销息息相关，不论其职业角色如何。让更多的人知道这个道理吧。

破解营销困局，实现品牌成功：
营销不是一个部门在战斗

- 与每个员工进行对话，强化他们作为品牌形象大使的角色（不仅仅是公司手册中的强制性规定所传达的内容）。
  - 清楚地表达品牌大使应有的形象。
  - 审查适用于组织中所有人【包括首席执行官（CEO）】的行为标准。
  - 展示一些反面例子，比如发布在社交平台上的视频和帖子，说明简单的笑话或无意的行为可能会招致不良的品牌影响。另外，还可以分享一些正面的视频和例子，看一看某个员工如何在不知情的情况下，做出了分外之事，被其他人看到和记录下来，从而变成了一场病毒式的品牌推广。记住，现在每个人手里都拿着摄像机，人人都是电影制片人，点触之间，就可以在全球范围内发表自己的作品。

- 谈论员工为品牌建立乃至轻松推广公司的产品和服务所能做出的积极努力，包括：
  - 让企业员工能够买得起、用得上自己公司的产品和服务，令其有机会在社交圈子里推广它们。设立一些预先批准的指导性原则，也可以减少或消除员工的盗窃行为。
  - 讨论一些“不可讨论的话题”，比如着装、卫生和其他合理的协议，这些话题能够很好地展示你的企业品牌。在企业决策层之外，对道德和标准条款方面的讨论已经越来越普遍了。
- 专注于建立一种制胜文化，员工受到挑战，受到尊重，并有自由去冒合理的风险，拓展他们的技能。那些觉得自己受到雇主信任的人会更忠诚，通常会有意地选择用略微吹捧的方式赞美他们的组织。在团体中有自豪感是员工不可否认的动力。

挑战3

紧盯现金

你是这台“赚钱机器”上
一个不可或缺的零件吗？

不要将这一挑战的名称与团队的成功混为一谈。让我说得更清楚一些："紧盯现金"的意思是你是这台"赚钱机器"上至关重要的一个部分，而不仅仅是一个滥竽充数的溜须拍马者，也不是一个擅长抢镜的跟班。

有一次，我在特立尼达参加一个公司会议，首席人力资源官打来电话，这种电话很不寻常，尤其是我当时正在国外出差。他实际上是代表公司的首席执行官，下达一项正式的通知：我将被任命为该公司执行团队的指定执行官（NEO）。在一家上市公司，这是一种莫大的荣誉，也意味着巨大的责任。首席执行官不仅要做出重大决定，而且董事会还必须对此予以批准。指定执行官的名字会被美国证券交易委员会记录在案，为一系列决定负责（负有偿付责任）。这对于我来说是一件大事，因此我非常慎重。

于我而言，这是一次升职的机会，我认真地考虑这个新头衔。我当然不想做营销部门的执行副总裁。那个时候，我进公司已经很久了，期间公司换过形形色色的营销副总裁，没有一个人的任期超过两年；当然，如此短暂的任期也不是我们公司独有的特色。

最近在一项高管职位任期的分析研究中，光辉国际（Korn Ferry）高管猎头公司指出，在所有高管职位中，首席执行官的任期一般是最长的。首席执行官的平均任期为5.3年。相反，首席营销官（CMO）的任期最短，平均仅有4.1年，与首席信息官（CIO）并列。

虽然我不知道其离职的具体原因，但从表面上看，这些前任营销副总裁们似乎过于专注于营销。

你可能会问，何出此言？我知道，市场营销副总裁应该专注于营销，这看起来是很简单的道理。但是，问题也出在这里。营销副总裁同时也要关注销售，即一些小事情，如吸收和留存那些资金充足的客户，以便产生收益。为了避免矫揉造作之嫌，我在此表态：我相信，你知道并且正在将自己营销生涯的重点放在营销的主要结果（即收入）上。但我想在这里明确一点，因为当你的职位中出现了“营销”二字，你就很容易专注于传统的营销工作，如建立品牌资产、创建印象、设计徽标、撰写宣传册文案、开展网络研讨会、创建社交帖子，等等。

当然，这样做的风险在于，你可能会发现自己很快就与一切业务的命脉——现金——失去联系，甚至完全脱节。要尽自己最大的努力，紧盯现金。在我之前的那些任期短暂的营销领导者似乎都缺乏对直接收入负责的热情。事实上，大多数人都尽可能远离“收入”这个目标。有些人可能仍然认为我的建议很幼稚，那么，我在这里提供一个检验成效的方法，可立见分晓：下次当你路过公司的高管办公室，如果看到首席财务官或财务副总裁与首席执行官坐在一起，而且门是关着的，不要以为他们在谈论下一次收购。他们很可能在讨论眼下的情况：银行里的现金只能维持3周时间，而下个月的工资还没有着落。如果你没有跟他们一同参会，那是因为在他们看来，你不属于解决方案的一部分，而是问题本身的一部分。我知道这有些夸张，但是你明白我的意思：让自己成为“赚钱机器”的重要组成部分，建立公司的营销品牌。

读到这里，有些人可能会感到不适。但是，如果你有勇气坚持读下去，那就做一下自我反思，客观地思考一下这个事实。我想多数人都认为营销是一个比销售更安全的职业，只有当销售表现不佳，不能将商品迅速地销售出去时，首席执行官才会让营销团队去做地推。如果你认为这只是我随便开的一个玩笑，那你就大错特错了；其实，大多数公司都符合这样的循环周期。营销工作人满为患，大家都想做营销工作，因为他们貌似可以在这里很好地发挥自己创造性的能量和想法，让自己安全地远离管理或理解损益表（P&L）；而且，最重要的是，还可以避免承担与创收相关的责任。可以肯定的是，我在首席营销官职位上较长的任期与卓越的营销技能和创意（虽然我以前的团队成员可能会对这两点有较大的认可度）这两者关系不大，其真正的原因在于我和销售部门并肩作战，共同完成每个季度的收入任务。

我坚信，这是我与之前众多卓越营销领导者之间的不同之处。如果我的前任当中有人读到此处，我当然希望你们能够明白，我指导任何组织内部的营销工作都有其复杂性，也很清楚你们所有人在别处都能大展宏图、前程似锦。我写本章的目的并不是让你们当中的任何人当替罪羊，而是为了说明这样一点：如果不致力于与销售合作，你最终就会陷入营销困局。

在我担任富兰克林柯维公司的第一位也是唯一一位首席营销官和业务发展执行副总裁的7年时间里，我最自豪的一些时刻是董事长兼首席执行官为我分配项目的时候，把我当作销售执行副总裁一样。场面有时会略显尴尬，因为能力超群的销售副总裁经常和我坐同一张桌子。但是，当首席执行官分派创收任务，也会向首席营销官询问销售活动的成果；这充分表明：营销和销售可以朝着相同的目标团结协作，而且推翻了"这两个部门永远存在分歧"这个显而易见的谬论。

说句题外话：当时的销售副总裁也是卓尔不凡，我们私下里是朋友。在他的销售领导下，我们公司的收入、盈利能力、股价以及对客户的影响均呈现大幅增长。在每一个商业活动中，他和我都是合作的关系；尽管私下里我们的意见并不总是一致，但在公开场合，我们的表现比夫妻档的"桑尼和雪儿"更默契，或者可以用一个更确切的比喻，我们两人就像是盐湖城著名的爵士队篮球二人组——斯托克顿和马龙。虽然你可能不是篮球迷，但是你们应该听过NBA最著名的解说词之一"斯托克顿把球传给马龙！"（Stockton to Malone!），意思是约翰·斯托克顿总能为他的队友卡尔·马龙创造扣篮的机会。我很自豪自己能够成为营销界的"斯托克顿"，把球传给销售界的"马龙"。首席执行官不会因为销售副总裁不称职，而混淆了权限职责，也不会把创收的任务划分给我。相反，我们的职责划分反而更加明确了。首席执行官特别信任我们的能力与合作关系。寻求与公司的销售人员合作，建立一个干劲十足的黄金搭档，你们公司的发展将势不可挡。

如果我在开始这份工作之前就知道光辉国际公司关于首席营销官任期的数据，在接受这份工作时，我可能会有些犹豫。不，我在这儿糊弄谁呢？这就有点自欺欺人了。实际上，我喜欢挑战自己。但我更喜欢创造价值，我几乎将首席营销官的平均任期4.1年翻了一番。有一部分原因是我学会了通过挑战营销的传统思维和自身的领导角色，来避免自己陷入营销困局。

紧盯现金。

每个组织都需要现金来完成其使命，履行其对客户和利益相关者的承诺和义务，这是不可否认的事实，包括非营利组织、教会组织、教育机构、行政管理部门以及每一个经济体的支柱——营利性企业。我设想有这么理想的一天：销售主管读到这本书，然后把它推荐给营销主管，或者更好的一种情况是，销售主管将这本书交到公司营销团队的手里。紧盯现金意味着你在积极地与销售人员合作，共同创造收益，为公司带来现金收入。这会给你这样一种感觉：与销售人员一样，公司的收益也是你的职责。引用我的好友、知名销售领袖玛丽安·菲利普斯（Marianne Phillips）的一句话：坐上我的船，让我们荡起双桨吧！

那些与收入密切相关的人是最不可能被裁掉的。成为你所在公司中与收入最相关的人，你将拥有的不仅仅是一份工作，而是一份创造价值的职业。

破解营销困局，实现品牌成功：
紧盯现金

- 扪心自问，你为什么选择营销工作？你认为自己对这台“赚钱机器”究竟会做出怎样的贡献？
- 如果选择营销工作并不是你的初衷，但你最终还是担负起了营销职责；这可能不是你真正喜欢或擅长的领域，你将如何调整自己的营销和商业敏锐度，以确保自己能够创造价值？
- 挑战你的营销角色模式。
    - 你是否在逃避营销部门的创收责任？
    - 为什么你从事的是营销工作，而不是销售、产品开发或其他工作？
    - 除了传统的（和重大的）营销活动之外，你能为公司的长期发展和生存做出什么贡献？
    - 每隔1天或每隔1个小时问一问自己，你现在所做的工作是如何确保公司赚到钱的？
    - 当公司高层需要削减成本或改变战略时，你将如何让自己免遭公司裁员的风波（即高层心血来潮的决定）？

挑战 4

做业务发展的领导者

你是否足够谦虚，能够认识到营销在
销售服务中必须扮演的角色？

相比于挑战3（紧盯现金）所述的概念，我在这里要讨论的概念存在一些微妙但很重要的区别。挑战自身的思维模式至关重要，思考一下：从事营销工作需要承担怎样的责任，这种责任又将如何助推销售工作？理解企业文化并知晓事情的轻重缓急（不要对其感到不适或被其冲昏了头脑），会对你和团队的成功至关重要。头衔、部门名称和思维模式的细微变化可能会对你自身的重要性和任期产生实质性影响。边阅读边思考：如何改变自己在销售和市场营销方面的信仰体系，如何改变公司收益的增长引擎，为每一位参与者提供最好的服务？以我为例，我的头衔是“首席营销官”，但我总是以业务发展执行副总裁的视角开展工作。

此前，我曾表示，在我受邀加入公司的管理团队时，我并不想做营销执行副总裁。我能一口气说出6个前任首席营销官的名字，他们的任期都很短。我决心改变这种模式，避免陷入大家耳熟能详的营销困局。

我算是比较幸运的，我的晋升标志着公司历史上第一次将营销职位提升至管理团队的水平，所以这也预示着较长的任期，因为如果没有重大原因，上市公司的首席执行官通常不愿意更换高管。就这样，在我升职期间，我受邀参加关于自己的新头衔全称的意见探讨。我建议在首席营销官后面加上“业务发展执行副总裁”的头衔。

说实话，我并不是真的想掌管营销部门的工作，相反，我倾向于侧重营销工作的结果，即业务发展；以此在整个公司彰显我们团队的突出贡献，这种与众不同的想法可能比较微妙，但也着实重要。我决定让公司里的每个人都清楚地知道（当时我们在50多个国家都设有办事处，在我写本章的同时，其数量还在飙升），我们的职责是填充销售漏斗[1]。我很高兴，甚至也很荣幸，能挑起这个担子。当然，我们还是会负责品牌树立、徽标制作、信息传送、公共关系、数字财产、产品发布等常规的营销工作。但

[1] 在某种程度上指代公司的销售过程，即把潜在客户转化为成交客户所需要做的一系列的工作。——编者注

是，公司的收入和盈利能力是我想真正有所作为的地方。无论公开表达与否，你要承认市场营销关系到业务发展的结果，这是避免营销困局的一种方式。要做到这一点，最可靠的方法是明确自己当前的分内职责，并进行适当的把控。就我个人而言，我喜欢明确的责任划分，面临一定的业绩压力，实现个人长足的职业成长。我怀疑自己遗传了母亲信奉的新教派的天职观（职业精神）和父亲信奉的天主教的原罪观，这两种观念对我影响至深。

由于我将业务发展正式纳入我们部门的职责范围之内，我们的团队很快就成为首席执行官不可或缺的一部分。我的一些同事甚至透露，他们经常将我视为最重要的团队成员，因为我在担任营销职务时，非常乐意为公司的收入负责。不久，营销团队就从3人增长到30多人，这并不是因为首席执行官和首席财务官喜欢将钱花在营销这个“无底洞”上。营销团队之所以发展壮大，是因为我们向他们和董事会证明，我们不仅仅是成本中心，而且还是收益中心，对销售的命脉至关重要。所以，首席执行官和首席财务官都非常愿意增加公司在营销方面的支出。他们只需要进一步地确定，宝贵的投资不会浪费在营销部门自己中意的项目上，而是毫无争议地与增加客户成果联系在一起，从而带来更多的收入。

我们甚至与其他几个收入中心合并，因此，我直接负责更多收入渠道的盈亏损益。当然，这并不是首席营销官日常的工作职责，但在这个职位上坚持近8年也非同寻常。

就业务的增长引擎而言，每个组织都有其独特的企业文化。宝洁、耐克、甲骨文、苹果、英特尔、赛富时[1]和可口可乐都有自己的知名引擎，主导着企业的内部文化。有些公司专注于创新和研究，另一些专注于品牌或营销，还有一些奉行“销售为王”。显然，这些公司的繁荣发展都离

---

[1] 赛富时（Salesforce）创建于1999年，是全球性的专业客户关系管理（CRM）软件服务提供商，在业内拥有“软件终结者”之美誉。——编者注

不开销售。但是，它们的成功来自于将大量的时间、精力和资源集中在推动销售的其他领域。销售并不总是主要的文化引擎，我认为它往往取决于首席执行官的舒适区、背景和能力，以及他们愿意在哪里花费时间和施展才能。

在本书后文，我会对销售和营销之间的重要关系做更多的论述，但对于这一挑战而言，我想谈一个重要教训：当我被提拔为首席营销官时，除了首席执行官和首席财务官，我和公司里的其他部门领导都是平起平坐的。我本可以大摇大摆地走到会议桌前，建立自己的“帝国”（我相信有些人认为我曾经这样干过），并试图让营销盖过销售的风头。我故意反其道而行之，我所有的思维方式和行事风格都像是我需要向销售部门汇报一样，尽管事实并非如此。与销售部门的领导一样，我直接向首席执行官汇报。在大多数情况下，我有意向与我平级的销售副总裁靠拢，将自己的工作视为对他的辅助。

“斯托克顿把球传给马龙！”

这里有一个对我很重要的警告，即我很少服从任何人。我有能力，并且有自知之明。我也非常谦虚（虽然没有人这么评价过我）。这么说吧，这对我来说并不容易，但我深知，与销售紧密合作最终对我们的客户和企业本身都是大有裨益的，会拉近公司各个团队之间的关系。这终将会建立一种协同合作的企业文化，在这个过程中，许多人的事业都取得了长足的进步。

营销负责人如果想避免陷入常见的困局，就必须学会支持销售，而不是与之竞争。至今，我和这位前销售副总裁的关系仍然很好，虽然我们双方都很强势，也出现过分歧。他可能会说，我的支持对我们公司销售业绩的显著增长与客户工作的成功至关重要。这是我有意选择的一种思维方式，每天据此调整我自身的行为。如果他能力不足，这就是另外一个故事了。我恪守的思维方式和行事风格渗透到整个营销部门，但并不总是令每个人都满意。

在我从首席营销官到业务发展执行副总裁的过渡期间，我从公司外部聘请了一位助理加入我们部门。与其他公司一样，我们的企业文化并不总是很容易接纳一位外来的高级员工。这位新同事的技术能力很强，但我和他相处得并不融洽。欢迎加入成就卓越者的行列。（这就是所谓的“高处不胜寒”吧。）我想，这对我俩都没有什么影响；我喜欢精彩的辩论，我猜他也喜欢。我对整个营销部门强调，我们的角色是支持销售，销售为王，我们的工资是销售部门挣来的，对于这一点，我们彼此之间经常存在分歧。我这样做让他感到很不爽，我怀疑自己明知故作，因为我有时也会很“小气”。想知道我有多小气吗？读读我的第一本书《从管理混乱到领导成功：30个领导力挑战，成为你想追随的领导者》吧。

我向营销团队做出这样的表态，也是为了传达一种信息，即我们没有存在的权利，我们必须每天不断地赚钱（就像销售人员那样），但最终，如果没有人把公司的产品或服务卖出去，一切都是无稽之谈，也不会有任何资金。我的这种思维方式是让这位同事产生分歧的主要原因，因为我有这样的感觉，即他认为我在贬低营销，最大限度地淡化我们的角色和整体贡献。事实上并非如此。此前，我从事销售工作长达10年之久，做得风生水起，甚至坐上销售领导的岗位；后来，我选择离开，投身营销行业。

作为销售团队的领导，我兢兢业业，发挥自己的聪明才智，建立了一支由一流销售人员组成的强大团队，他们现在在公司的地位举足轻重。我们公司已有近40年历史，在我之前，从来没有人做到这一点。团队销售人员的薪水非常高，而且首席执行官都能叫得上他们的名字。我对每一位营销同事的尊重是显而易见的，但归根结底我们必须认识到，作为营销人员我们要专注于帮助销售人员实现他们的目标和收入承诺；我们所有的营销人员都要将这种认识放在首位，这有利于企业的健康发展。我觉得自己的信念体系是建立在过去10年的销售经历基础之上的，我清楚销售工作的困难程度，尤其是当营销团队不给力，不能专注于推动销售成功时，那无疑是雪上加霜。我没有任何遗憾，至少对那种思维方式没有任何遗憾。

我敢肯定，到目前为止，你认为我过于吹捧对销售、收入和现金的支持。

没错，这就是我的观点。

但是，我也很赞赏营销部门负责的其他一切工作，包括维护企业的名声，维持一致的品牌标准，建立长久的数字资产，优化搜索引擎，创建相关销售工具，建立营销漏斗以及许多其他的敏捷流程（agile process）和体系。营销对任何公司的贡献都是不可估量的。你所面临的挑战是平衡自己的工作安排，一边是日常的营销工作，另一边是为业务发展及其与销售的直接联系做出巨大的贡献。

破解营销困局，实现品牌成功：
做业务发展的领导者

- 承认品牌虽然是无价的，但你不能把它存入银行，也不能用它来支付工资。
  - 确定你是否正在以品牌资产为借口作掩护，延续你自认为比较安全的营销活动，致使这些活动正逐渐远离公司的命脉（收入和现金）。
- 进行自我评价和反省，更好地调整营销职能（以及你自己的能力），来支持销售工作。
  - 确定你可以做出的细微但至关重要的改变，以表明你打算为销售或业务发展承担共同的责任，同时在必要时，愿意在战略上和思想上服从这一点。

- 问一些你应该问但可能没有去问的问题。
    - 你是否将公司的收入目标牢记于心？
    - 你们团队的每个成员都清楚这些目标吗？
    - 你知道公司每天、每周、每月和每季度的财务状况吗？
    - 销售需要努力达到和超出哪些指标？具体来说，营销工作如何解决其中的问题？
    - 首席执行官是否将营销和销售很好地融合在一起？为了更好地促进这种融合，你能做些什么？（注意：不要绑架或者削弱销售领导的角色，如果恶意为之，会削弱你们彼此之间的信任。）
    - 你能否在不夸夸其谈的情况下，展示营销是如何推动（而不仅仅是支持）业务发展的？
    - 你是否具备与你的领导或销售领导会面时的谦卑并会展示脆弱，是否会就营销部门或团队究竟可以做些什么来显著增加他们的支持开展一场坦率的交谈？

挑战5

理解并阐明你的项目章程

你有自己的计划吗，或者你愿意成为
别人计划中的一部分吗？

一位作家（也是我的好友）布莱恩·李博士（Dr. Blaine Lee）曾言："生活中几乎所有（如果不是全部的话）的冲突都来自不匹配或未实现的期望。"

我经常在播客、访谈节目和主题演讲中分享这句话。如果你坐下来细品，便会发现这句话意味深长。想一想，你在生活中与他人产生的一切冲突，包括你的领导、销售副总裁、其他职能部门的同事、客户、邻居、杂活工、屋顶工、你的配偶或伴侣、孩子、岳母或婆婆。如果在项目、会议、高风险对话或度假计划的前段时期，你有足够清晰的预判，遇到其中大部分（如果不是全部）冲突的风险都被降到最低，或者可以完全避免。人际问题很少会因疏忽大意而变得愈加凸显。

举例来说，今年的感恩节晚宴又会在哪里举办呢？当然是在你那超级富有、功成名就且无所不知的姐夫家里喽！因为你从来没有让他（和你的姐姐）坐下来，坦率地跟他们表明你的梦想，即在你那狭小的小房子里举办感恩节晚宴，因为你家的洗手间不够用，也没有全套豪华的游戏室。在我们的公司中，情况也是如此。作为营销专业人士，我们必须与自己的领导进行直接对话，以便让他们了解到我们的章程（charter），即他们究竟期望营销工作带来什么结果？成功是什么样子的？在可控的范围内，我们可以采取哪些具体措施，来确保实现我们所承诺的结果？基于不同的企业文化，在某些公司里可能会出现这样的情况：你的上司并不确定能从市场营销中得到什么，你可能要硬着头皮，向他们阐明营销部门的章程。

营销方案本身往往会产生模糊的结果，所以在倡导营销新方案时，你可以直接阐明预期（有时甚至超出理性判断），从而避免陷入常见的营销困局。你是否充分了解自己的和所在团队的期望？你们需要完成的具体任务是什么？你们双方会在何时并以何种方式才能知道你们完成了任务呢？营销工作充满了各种不匹配的期望。明确营销成功的轮廓，绝对是你的职责，如果你的领导不确定或者他们自己碰巧也有些困惑，那么说明情况就成了你的工作职责。这也是一个机会，你可以勇敢地提出自己的计划，并确保双方最终达成完全一致的意见，进而迎接挑战，发挥自身的领导作用。如果你不主动应对，你很有可能陷入困惑和失望之中，你的期望也会落空，也就是会陷入营销困局。不要将他们的自信和专业能力混为一谈。当你这样做的时候，你很可能就许下了无法兑现的承诺，那时责任就会由你一个人来承担了。

让我们来探究下面这种（让所有人都有所启发的）营销困局，我记得这是营销部门组织的一次特别有创意的活动（早在我担任首席营销官之前，那时，我还是一名销售主管）。当时，市场营销部策划了一项活动，给潜在客户送去一个硕大的盒子，里面装着巧克力，但是盒子并没有装满，而是留有一定比例的空缺。我们根据一项研究结果来决定巧克力放置的数量。在这种情况下，一盒数量不足50%的巧克力暗示着不能完全理解或甚至不能说出公司最重要目标的员工的百分比。盒子里有一张便条，邀请收件人积极参与公司活动，并学习如何补上空缺。如果有潜在客户主动联系，营销团队就会把剩下的巧克力寄给他们，希望能与他们展开对话，以便销售团队能够继续跟进。我认为这项活动很有创意，但并不太适合推广。

我记得，当时天真的营销团队来寻求我们这些傲慢无礼的销售人员的支持。不同的人对此抱有不同的期望，在支持态度方面也是千差万别。

不久之后，数千盒巧克力开始分发给潜在客户。市场营销部对这一切很是自豪（说实话，我在销售方面也是如此，但我不能与同行分享这一点，因为如果失败的话，可能会有泄密的嫌疑）。这让我想起了一位新当选的国会议员，他很兴奋地穿过过道，去找对方党派的一名成员，他的这个举动很快就被本党内的纪律主管给严厉制止了。“你怎么这么大胆子，敢去套近乎？你是疯了，还是怎么了？”

“威利·旺卡[1]巧克力行动”以失败告终，销售团队的价值得到了进一步验证。营销人员不仅在一开始没有对预期结果进行有效的沟通，而且为销售部门带来的是一个完全成熟、仅待实施的想法。试想一下，如果销售部门从一开始就参与这一过程，如果营销部门征询过我们销售的意见，问一问我们想要关注什么样的目标，如何以最佳的方式实现这些目标，我们赞同什么类型的活动，这样每个人都是利益相关者。不管结果如何，我们大家都在同一条船上了。但这种情况并没有出现，唯一的受益者是检测糖尿病的医生。

所以，重点在于投入时间和耐心，去倾听公司的业务需求，同时收起你的自尊心。公司究竟期望从市场营销中得到什么结果呢？你的章程是什么？该章程是否已在公司内部广泛传播，每个人都了解了营销工作的内容，而不是营销部门负责交付什么？

我再重复一遍：你的章程是什么？创新？合作？集思广益？你是否明确了营销部门对独立创新的授权和许可标准？每一种文化都有其细微差别，但营销人员的工作是设计出各种各样的活动，然后把它们交给销售人员吗？或者是将销售部门和营销部门合二为一，所有事情都亦步亦趋地完成，不需要两个部门各自的商讨？在本月底之前，你是要与1800位学区负责人一起关注品牌知名度，还是要与采购总监进行24次面对面的会议？在本季度末，你的任务是建立一个新的网站弹窗式的“互动状态”[2]，对入站咨询的客户进行跟踪，还是参加一个直播的在线研讨会，把竞争对手的12位客户争取过来？

我不禁这样想，首席营销官过于短暂的任期与首席营销官和首席执行官之间的预期不匹配有关系，尤其是首席营销官和首席营收官（CRO）之

[1] 是电影《查理和巧克力工厂》里的一个角色。——译者注

[2] 是指在不加好友的情况下向域中的用户发起临时会话的一种快速便捷的沟通方式。——译者注

间的预期不匹配。我认为，在大多数公司中，当业绩不佳时，相比于首席营收官，首席营销官更容易遭到首席执行官的解雇。你能理解这些职位之间的关系吗？与营销部门相比，销售部门的地位通常更加稳固，当销售业绩没有达标时，营销部门通常会成为替罪羊。积极主动地理解并阐明营销部门的章程，将帮助你和你的营销团队免受这种企业文化现象的影响。

想要避免这种营销困局吗？那就不要让自己成为解决问题的一种方案。相反，进行自我审视，问问公司需要什么。如果这种需要是一种虚无缥缈的东西（有时会是这样），不要害怕，拒绝就行。但你要考虑周全。这并不意味着你是一个固执己见的人，因为思想顽固绝对是错误的表现。我从不与首席执行官协商结果。因为如果我赢了，那意味着我的表现可能会低于他最初的预期，因为我让他同意了一个更低的标准，这并不是他想要的结果。如果我在协商中赢了，我就真的输了。

相反，当你谈论可能和不可能的事情时，要表现出自信和理智。只要能够做到，就大胆地去拓展。在讨论结束时，确保你们双方都清楚营销部门的章程。在与首席执行官的此类谈话中，我经常会问："你能确切地告诉我，你期望我和我们的营销团队在这次活动中负责产出多少业绩呢？"在会议结束时，我就能明确知晓，到本季度末，我们营销工作的业绩目标是38万美元，有时候也可能是380万美元。业绩目标多点少点都没有关系，我只需要明确目标即可。

如果上面的问题就让你知难而退，那么你可能不适合从事营销工作。

首席执行官尊重那些不怕承担业绩目标的营销人员，并且会继续聘用他们。也许你工作的结果不以收入为中心，那也没有关系。至少你清楚自己的目标。与其他能力或天赋相比，我认为坚持这一原则更能让我胜任营销工作。

如果你的公司或者你从事营销工作的公司里没有很多自诩为专家的人（要珍视这一点），那么就大胆地阐明你的宗旨，包括你的愿景、战略和结果，不包括公司的明确指示。你的宗旨实际上可能与收入有关。如果确实相关，可以以这种方式公布：这种全渠道营销包括快讯商品广告、电子邮件营销、播客、电台访谈、后续电话跟进和其他宣传活动，我们将为春季虚拟会议提供240个注册名额，在“预先注册”时间截止时，将产生71760美元的学费收益。如果这个数字不是240，而是24，那也要说出来，这样每个人都清楚他们要达到怎样的目标。同时，明确你的预算、报告进度或关注的时间间隔，这样大家就可以朝着同一个明确的目标共同努力。

破解营销困局，实现品牌成功：
理解并阐明你的项目章程

- 对于自己的整体判断，要有自知之明。
  - 你的判断是基于事实还是基于推论？不要将自己的情绪、感觉、观点与事实混为一谈。前后两者都很重要，但又截然不同。
  - 考虑一下，如果你进一步走出舒适区，问自己一些更明确的问题，以发现自己和别人期望的差距，将会发生什么事情？
- 规划好你与领导的对话，因为这涉及阐明你的项目章程。
  - 安排一个会议，这样表述：“嘿，我想和您确认一下，明确我们正在进行的不同项目。我想确定我们的工作与你考虑的重要事项是否保持一致，因为我知道情况总在变化，我希望我们的团队能够紧跟变化，创造价值。如果您不介意的话，我想就当前的重要事项表达一下我的看法。如果有不对的地方，您可以随时指正，这样，我们就可以重新调整工作的重点。”

- 如果你的领导没有明确的指示，你可以运用成熟的、智慧的和健全的判断力来确立自己的目标。
  - 在将你的项目章程提交给领导考虑之前，先将其与公司其他有价值的反馈进行比较和评估。
- 确保所有必要的利益相关者都同意并接受你的营销承诺，这样每个人都能掌握成功和失败，每个人都能荣辱与共。
- 找出你生活中人际关系有冲突的领域。
  - 要明确这点：望不仅可以减轻或消除压力，甚至可以在过程和人群中建立更高的信任。

挑战6

决定自己的任期

如果没有外力的干扰，你愿意
自动终止自己的职业生涯吗？

我很荣幸为富兰克林柯维公司主持每周一次的访谈类播客节目《与斯科特·米勒共话领导力》（*On Leadership with Scott Miller*）。这个节目已发展成为全球最大的每周时事通讯和播客，专注于领导力的话题探讨。我和富兰克林柯维的优秀制作团队每周二接待节目嘉宾，包括专家、畅销书作家、首席执行官和思想领袖，为他们提供发表观点和见解的平台。

在邀请的前150位节目嘉宾中，有一些是我十分欣赏的人士（抱歉，这里不便透露），但是每一位到访嘉宾都让我在职业发展和技能提升方面有所收获，虽然这听起来有些夸张。我在个人和职业生活中获得的智慧都是直接向前人学习的结果，他们有的亲自去冒险，有的进行相关研究，有的愿意分享自身的困局。这些思想领袖能来到我们每周一次的节目中，担任节目嘉宾，对此，我不胜感激。

其中，很多访谈内容已付梓成册，本书末尾处的推荐阅读章节已附上节目嘉宾简介或他们谈论主题的列表，可参阅。

这些访谈包含了嘉宾颠覆性的洞察和见解，涉及领导力、营销、组织文化、建设高绩效团队和发展值得信赖的人际关系等方面，具有重要的参考价值。惠特尼·约翰逊是其中的一位访谈嘉宾，她激发了我对“决定自己的任期”这个话题的思考。惠特尼是一位著名的创新性和颠覆性专家，也是一位作家，写过几本著作，包括《颠覆式成长》。在访谈过程中，我们广泛地谈论了职业忠诚度的变化形式。惠特尼分享了她职业生涯中断的7个变量，我发现第4个“抵制自恃思想”对我来说价值最大。她在书中强烈建议，在被外界颠覆之前，你要先颠覆自己。这不是一种选择，也不是一种假设，而是早晚要面对的问题。这是一本极好的书，我极力推荐。

2018年，我撰写本章的时候，我的父亲已经84岁了，他57岁退休，已经享受了近30年的退休生活。像许多同龄人一样，数字革命一开始，他的生活就被打乱了。他在马丁·玛丽埃塔公司（Martin Marietta）工作了34年。这是一家国防材料承包公司，在20世纪90年代与其他公司合并，后更名为洛克希德·马丁公司（Lockheed Martin）。作为一名绘图员，他用铅笔和纸张工作了30多年，计算机辅助设计（CAD）和苹果产业等革新性的软件包颠覆了数万名像他一样才华横溢的艺术家的工作方式。他在自己的职业生涯表现出色，最大程度发挥了自己的能力，但在某个时候，演员就该谢幕了。

有其父必有其子。

对雇主忠诚，在一个企业内发展自己的事业，这是我根深蒂固的思想。我在富兰克林柯维公司工作了将近25年的时间，虽然有很多别家企业向我抛出过橄榄枝，但我非常喜欢这里的工作，觉得自己的努力受到了重视，而且得到了丰厚的报酬。我在社交媒体上看到一些跟我一起上高中的同龄人，除了在军队服役和在美国邮政署工作的人之外，他们在同一家企业工作的时间通常是5—8年时间，最长不超过8年。对于初入职场的新生代来说，这个时间已经很漫长了，在他们看来，一段职业生涯平均只有24—36个月。惠特尼认为，大多数职场人士，无论其属于哪一代人，对一份特定工作的专注时间大约都是3年。3年之后，我们往往会感到无聊和焦虑，或者准备迎接新的挑战。我们中的一些人仍然还留在原来的公司，这是一种比较理想的情况。她的调查结果并不意味着我们要随时做好准备离开当前的雇主，我们只是需要一个新的工作岗位，迎接其中新的挑战。

那么，问题来了，你的计划是什么？你打算在市场营销的岗位上工作多久呢？

越来越多的企业以建立一种文化为目标，在这种文化中，人们实际上可以在内部而非外部满足大部分（如果不是全部）职业需求。对于较小的公司和非营利组织来说，这样的文化目标并不总是切实可行的。在我看来，太多的营销人士从来都没有想过什么时候要结束这份工作。我是个例外。我大致可以确定每一份工作的时长。有人甚至说我对这个有执念。《完成：工作的艺术》（*Finish: Give Yourself the Gift of Done*）一书的作者乔恩·阿科夫（Jon Acuff）是我的朋友，引用他的一句话，“追求完美是完成任务的一大障碍”。有多少次，我们觉得自己已经完成了工作任务，但我们的上司却不这么认为？就你的成功和成就感来说，你上司的看法和你一样吗？如果你能意识到这种脱节，你就可以和上司避免很多充满焦虑和尴尬的对话。

带着这种有意识的专注，我所辞去的每一份工作几乎都符合自己预想的任期。我让自己陷入这样一种幻想之中：我总是能为自己争取到升职的机会，因为我的最佳表现，可以写进我的领英简历。但事实是，我成功地避免让自己陷入职业生涯的一系列困局，因为我足够明智，始终在被解雇之前就领先一步，早已为自己另做打算，即便是平级调动，也无所谓。保持这样的工作思维有助于保持自身的价值，而我的一些同事则恰恰相反，他们在目前岗位上的工作时间已经完全超出了合理的时长。即使没有面临被解雇的风险，他们仍然会想方设法在原来的工作岗位上滞留，通常会长达数年之久。这是一个残酷的事实：你不可能对同一个岗位保持着永久的热情。

一旦陷入这种僵局，许多人只看到驾轻就熟带来的自信心和安全感，却忽略了变化的不确定性。你们只是过于害怕，不敢向前走、向上走，不敢放手。我明白，你肩负着责任与承诺，也有经济方面的压力，而且你非常努力地工作，才能在当前的营销岗位上取得一些成就。为什么要考虑放弃呢？在这个过程中，你可能也要面对一些刁钻苛刻的领导，忍受刁难，对于那些已经混到领导职位的人，你们更想在原来的岗位上蹲得越久越好。但是，骄傲自满之后，等待你的就是困局。为了避免这种情况，请不要过度消耗自身的价值。

在《与斯科特·米勒共话领导力》系列播客节目中，我最喜欢的另一次录制是与美国奈飞公司前首席人才官帕蒂·麦考德（Patty McCord）的对话，她也是《奈飞文化手册》（*Powerful*）一书的作者。帕蒂是著名的

“奈飞文化甲板”（Netflix Culture Deck）的贡献者之一，这份文件阐述了奈飞公司组织运行的结构、价值观和原则。在我们的谈话中，帕蒂强烈建议所有领导者，如果团队成员能力不能满足当前工作岗位的需求，要有勇气主动打破团队成员当前的职位安排。当个人为了满足工作要求而付出过多，或者以长期的失败或各方的失望告终时，就要去打破当前的僵局。帕蒂直言不讳的风格给我留下了深刻的印象，她的建议可以让一个人免遭潜在的羞辱，避免在某个岗位上苦苦挣扎，或者避免更为糟糕的处境，即被部门淘汰，在一棵树上吊死。

我深刻反思了帕蒂的真知灼见，将她的建议牢记于心，放弃了首席营销官的职位（我会在后文的挑战17中详细地描述这一经历）。你一定听过这句谚语：每个人最终都会被提拔到自己无法胜任的位置。差不多就是这个意思。当这种情况发生在我们身上时，帕蒂为我们提供了解决问题的一剂良药。我之所以在一本关于营销的书中探讨这些，是因为在企业内的每个部门（信息技术除外）中，营销是最具流动性、动态性和变化性的，营销人员需要不断学习新的知识，培养新的能力。面对每一次技术革新、来自不同竞争对手的挑战、客户的成熟度以及新的入市方式时，许多营销人员都很难保持与时俱进的能力，只是疲于应付或毫无招架之力，他们甚至都意识不到这一点。营销角色的长期可持续性，需要灵活的思维以及高度的自我意识，而这是我们绝大部分人都欠缺的品质。我不是建议你在每次情况有变时，都选择放弃。这是不可能的。我的建议是你自己决定要在何时谢幕。不要把这项决定权留给别人。我曾经听过这么一句“苦口婆心”的名言：“在决定你职业生涯未来的时候，你可能从来都不在现场。”看完这句话，沉思片刻，你的自我意识和自我颠覆的倾向会即刻得到提升。

颠覆自我并不是自我放逐。以我为例，我辞去了首席营销官的职务，现在写书，演讲，做咨询，为人们提供建议和指导。坦率地说，我过得很愉快，并且在我的职业生涯中，最大程度发挥了自身的作用。这需要一定程度的大无畏精神，我不建议每个人在阅读完这个后就即刻执行。要考虑周全，要有自知之明，要坦诚地面对自我。扪心自问，“让我取得今日成就的能力，也能带我去获得另一份成就吗？”我恳请你要多加留意，在何时你的能力将不再满足自身营销角色的要求。这时，你要自己决定何时该换份工作，另寻他路，继续前行，把命运掌握在自己手中。所有这些，我都做过了。

用惠特尼的话来说，就是“在自我被颠覆之前先颠覆自我”。也有人这样说：“要么主动出击，要么被动挨打。”保持高度警觉，做一些合理的推测，或者更进一步，直接去问。问问你的领导，他们认为你应该在营销岗位上待多久，并以此提醒自己什么时候应该急流勇退。因为在营销职业中，始终都是“人为刀俎，我为鱼肉”。那就自己拿起刀来，做好“断舍离”的准备吧！

破解营销困局，实现品牌成功：
决定自己的任期

- 考虑订阅富兰克林柯维公司的播客节目《与斯科特 · 米勒共话领导力》。保证会给你的个人生活和职业生涯增添巨大的价值。
- 仔细考虑一下，通过自己在营销工作方面的努力，你希望实现怎样的目标：
    - 你多久能实现这个目标，一年半载，还是三年五载？
    - 你是否正在制订明确的计划，来实现自己确立的目标，这样你就可以宣告成功，继续朝着更大的目标行进？
    - 记住阿科夫的建议："追求完美是完成任务的一大障碍。"
- 一位睿智的教练曾对我说："在每个人的职业生涯中，都有这样的时候：你为雇主付出了90%的努力，同时你也能得到90%的回报；但是那最后的10%，无论如何，可能都不值得再去努力争取了。"
    - 你付出了多少努力，又得到了多少回报？
    - 根据你自身的情况，你下一步要做什么？
- 评估一下你在职业道路上的位置：
    - 你和领导讨论过下一步要做什么吗？或者你认为这种谈话为时尚早、令人尴尬或者太过可怕，所以你在有意回避？
    - 接受这样一个事实：你和领导对你的职业生涯的看法可

能是不一致的。勇敢地展示出自己的优势和劣势，把握谈话的主动权，请他们对你的能力、贡献和预期任期进行实时评估。没有人会和他们的老板谈论这些，这就是在绩效考核不合格或遭到解雇时，所有人都感到猝不及防的一个原因。

○ 把职业生涯掌控在自己手中，这样你才能决定在什么时候采取行动。你越了解自己的现实情况，你实现目标的可能性就越大，也就越能掌控自己的命运。

挑战7

严重受挫，快速复原

你是选择沉溺于自我怜悯，
还是选择调整自我？

作为一家上市公司的前任营销部门负责人，我非常清楚推动盈利增长和兑现财务承诺的必要性。我也很明白营销人员必须要在提供问题的解决方案、推动客户获得成功的战略、将客户和公司的可持续收益最大化的方面出力，同时也要发展一种激励员工的企业文化。用富兰克林柯维首席执行官鲍勃·惠特曼（Bob Whitman）的话来说，“我们公司的宗旨是让公司成为用心做事的人的首选”。这是多么伟大的目标啊！

作为管理团队的一员，我的职责不仅仅局限于营销和业务发展。我还负责公共关系战略、价值数百万美元的授权合作伙伴关系、图书和媒体业务，以及一个在全球拥有超过15万名认证客户的商业渠道，在其聘请机构内推广我们的解决方案。这一渠道的建立从一开始就对我们意义非凡，它不仅提高了我们公司的利润率和业务拓展的速度，而且在世界各地为我们培养了数以千计的品牌大使。这些人通常是人力资源、领导力、多元化和包容性或组织发展方面的专业人士，对我们的业务至关重要，他们每次跳槽和加入新组织时，都会对我们公司表示支持和拥护的态度。

富兰克林柯维公司的客户培训师为我们公司做出了巨大的贡献，促进了我们的国际发展，也进一步推动了我们“在杰出组织中培养卓越领袖”的使命。他们为我们带来了可观的收入，对我们的品牌资产和扩张具有极大的价值。难道你不希望你的公司随时都能拥有成千上万的客户，选择并热情地宣传你们的服务吗？

多年来，我负责保持这一渠道的活跃性、参与性和可持续性。平均而言，我们每年认证约5000名新客户培训师，让他们保持培训热情并订购相关的课程资料。我们专注于培养他们的商业敏锐度以及将我们的解决方案与其商业需求联系起来的能力，提高他们的课堂教学能力，完善他们的知识内容，提高他们的营销技能。这样，他们公司内更多的部门才会愿意“雇用他们”，来推广我们的解决方案。我提前表态：这些客户都不是富兰克林柯维公司的员工，他们也没有因为宣传而得到我们的报酬。作为其自身工作职责的一部分，他们成为了认证的培训师，并从该认证证书和与我们品牌的联系中受益匪浅。这是一种互惠互利的关系。这就像在通用汽车公司工作一样，通过外部供应商的专业培训获得六西格玛管理（Six Sigma）或精益认证证书，然后再培训通用汽车公司内部的其他员工。

我们非常擅长为这些企业内部的培训师服务，开展各种各样的活动，来支持他们的培训需求。我们团队设计的活动是我在行业内见到过的最好的，包括配套的影像、书籍、指南、网络广播、创意与吸睛并存的优惠折扣等。一个主要的目标是让现有的培训师在多个课程领域实现交叉认证，这样，他们就可以为其所在的组织带来更大的价值，并能够涉足不同的解决方案，购买更多的培训资料。

我分享这一广泛背景的目的是为了阐明本章的观点：营销工作具有"点石成金"之效。

我们非常擅长安排季度营销活动，将其做成一种可盈利的战略，让各方都能从中受益。但是，就像"点石成金"的故事一样，我们自身的狂妄自大（即"困局"）会让我们一败涂地。这一切都始于我向首席执行官提出的一项新方案，我们为客户设计了一组3英尺×4英尺[1]的海报，海报上有发起者或创始人的金句以及从我们自己的内容中提取的精辟见解。我们把海报张贴在客户的大楼里，为我们公司提供的解决方案做进一步的宣传。客户们很喜欢这些漂亮的海报，把它们挂在公司的大厅、会议室和培训室里。他们得到了精美的艺术享受，我们则加强了品牌宣传。可谓是一举两得。设计者真是个十足的天才（过奖啦）。

更多的海报意味着更多的培训，这样会提升他们的培训效果，卖出更多的培训材料，带来更多的利润，也为我们带来业务扩张的机会。

对于我们在平衡客户需求和创收方面的一贯表现，首席执行官表示很

[1] 1英尺≈0.305米。——编者注

满意，批准了此次海报创意及其相关事宜的预算。

于是，我们的团队就开始为大型的直邮活动设计海报，该活动面向5000多名重要的培训师。经过大约10天的认真思考、设计、编辑和激烈的争论（包括为了防止海报损坏，就物流公司的选择进行的争论），我们得意洋洋地将这一杰作摊铺在董事会的会议桌上，然后把老板叫了过去。大家后退一步，让老板欣赏我们无与伦比的创造力和营销能力，我们确信再一次做到了万无一失。这将是公司营销史上的一次壮举。

然而，令我们大跌眼镜的是，老板看完之后无动于衷。

我们的老板性格比较隐忍（他可能是我见过的最能控制情绪的人）。他扫了一眼海报，平静地说，“我认为这样不合适。”然后他提出了一些有针对性的建议，并建议我从头再来。

此时此刻，我有两个选择：一是忍无可忍，无须再忍，任凭自己情绪失控，在他面前把所有的牢骚一吐为快（一定要提到他心胸狭隘，无法相处，他缺乏远见，缺乏对整个团队过去两周辛勤付出的尊重）；二是一反常态地克制自己，明确一些问题，然后毕恭毕敬地回到团队中间，告诉大家，我们的“点石成金”的梦幻之旅结束了。这将是一个不小的打击，让整个团队遭受重创。

为了完成这个项目，团队成员孜孜不倦地工作，并认为这个项目与之前所有的营销杰作一样，会赢得赞许。说实话，我个人非常赞许这种工作劲头。然而，在公司里，老板说了算（嗐，这不是废话吗）。所以，我现在的任务就是灵活地转变思路，创作出一些完全符合老板愿景的新东西。虽然我不了解你的情况，但是我了解即便你能掐会算，我们大多数人也无法预测老板想要什么。值得庆幸的是，我的老板读到这里，他会觉得很有意思。是的，前面所说的最后一句话是一种本能的反应。朋友们，我可不傻，不想得罪老板。

我不得不控制自己的情绪，重整旗鼓，一切重头再来。更糟糕的是，如果我想在这次营销活动中完成自己所承诺的业绩，海报的印刷时间就不能耽搁。看出本章说明的挑战主题了吗？营销部门有明确的收入目标，老板希望我们能够实现这个目标。我们会想方设法去实现。我们已经耽误了太多时间，没有额外的时间来重新制作海报，所以必须以惊人的速度完成这项工作。

剩下的事情就有点记不太清楚了。我们痛定思痛，养精蓄锐，用恰当的言辞来描述当时的情况（并没有对老板做任何评判，实际上，我们都很拥戴他），后来创造了前所未有的奇迹。我们殚精竭虑，马不停蹄地连轴转了48个小时，然后又把老板请回来，让他对我们的工作进行第二轮的评判。我们知道这次感觉跟上次一样良好，这是一个强烈的提醒，告诉我们，结果可能再次出乎我们的意料。但是这次，老板却很高兴，我们最终再次取得了胜利。

这项活动大获成功，圆满收官，我们再次达到（并超出）了自己承诺的绩效。从这件事当中，我们吸取到了这样一个教训：严重受挫，快速复原。如果我与老板发生争执或者试图说服他，让他看到我们背后的努力，那样只会降低我的可信度，并让他逐渐形成一种思维定式，即认为我是一个固执己见的人，只关注自己想要的东西，不能接受别人的反馈意见。具有讽刺意味的是，这种营销困局源自我自己过去的成功，我差点儿就陷了进去。我已经习惯了在营销策划方面接二连三的胜利，直到走到工作被老板否决的那一步。这是我们每个人的必经之路。幸运的是，我接受了自己的惨败。当然，这种失败是很痛苦的；稍作停留，深呼吸，重整旗鼓，继续前行。最后，我和团队成员回到我们的“作战室”，拿出了一套全新的活动方案，赢得了老板更多的信任，与第一版的海报方案相比，效果要好很多。如果与老板争论，那就是典型的“鼠目寸光”，虽然赢得了一次战斗，却输掉了整场战争。这是一种敏锐的洞察力，所以请牢记：我见过太多在其他方面才华横溢的领导者，他们钻研问题，深陷其中，不可自拔，虽然在短期内取得了成效，但长远来看，老板可能会对他们失去信心甚至是尊重，原因往往是老板发现他们不懂变通、不愿合作，甚至过于固执己见。明智地选择“战斗”类型；选择“大型战争”更是如此。

我得到的另一个教训是，第一个想法并非每次都能奏效。

欢迎来到迭代不止的营销世界。就连欧内斯特·海明威（Ernest Hemingway）也曾表示：“任何东西的初稿都是垃圾。”所以，如果你的文笔比不上海明威，那就自觉点，不要自以为是。允许自己严重受挫，同时也要快速复原，这样才能避免陷入营销的困局。做一个机敏、谦逊的合作伙伴，愿意付出一切来兑现自己的承诺，在必要时，也愿意在中途改弦易辙。我可以向你保证，所有的老板都希望他们的营销团队以这种方式开展工作。用史蒂芬·柯维（Dr.Stephen R. Covey）博士的话来说，“谦虚的领导者更关心什么是正确的，而不是保持正确的立场”。

破解营销困局，实现品牌成功：
严重受挫，快速复原

- 评估一下自己是否擅长从逆境、反馈或失望中恢复自我。（你对自己的评价可能要高于公司内的批评者或诋毁者对你的评价。）
    - 请一些同事对你的能力进行评估，而不是只问你在工作中最好的朋友。
    - 找一个曾经和你一起工作但可能不是最支持你的同事。这需要你走出自己的舒适区，但这是获得真实反馈的重要方式。

- 设定一个目标，让自己在情感和思想上变得更敏捷。
  - 考虑和朋友、配偶或团队成员进行角色互换，让他们来“诘问”你，告诉你，为什么你最新的想法、计划或愿景是行不通的；你不仅要有复原的韧性，而且还要有创造替代方案的能力。
  - 要认识到这一点：大多数营销方案都是先前进三步，再后退两步。所以要保持韧性，直到你把工作做到最好。
  - 必要时，调整你的思维。出色的营销领导者都愿意转变自身思维。
- 制订一个情绪应变计划。
  - 在适当的情况下，保证A计划的顺利实施，但要时刻准备一个可行的B计划，以便在你被迫做出调整时，留有备选方案，继续推进工作。
  - 好的应急计划可以应对意外事件的发生，降低其不良的影响程度（高度、中度、低度），还可以在情绪失控时，为你提供几种缓解策略。在网上寻找更多关于应急计划的建议和示例。
  - 学习借鉴那些擅长随机应变的活动策划人或者其他人的经验。我所认识的或曾经合作过的每一位活动策划人都有无数的备用计划和选择。我认为他们属于营销工作的第一梯队，公司应该考虑聘请他们，包括他们的营销团队。抓住每一个机会，招募这些有价值的团队成员，并向他们学习。

挑战8

过犹不及

你造成的问题比你贡献的
解决方案还要多吗？

我最喜欢的商业领导类书之一是莉兹·怀斯曼的《团队赋能：打造快速成长的高效能团队》，这也是我推荐次数最多的一本书。这本书无疑对我个人的领导风格影响是最大的。

莉兹写道，作为众人的领导，我们的工作不是做团队里的天才，而是成为天才制造者。只有非常可靠、自信且足够敏感的人才能达到这一标准。莉兹还指出，虽然我们的目标是成为"乘法领导者"，但我们都意外地变成了"除法领导者"。9种"除法领导者"包括"创意者"（Ideal Guy）、"快速反应者"（Rapid Responder）、"战略者"（Strategist）、"生生不息者"（Always On）、"领跑者"（Pacesetter）、"保护者"（Protector）、"拯救者"（Rescuer）、"乐观主义者"（Optimistist）和"完美主义者"（Perfectionist）。

读到对"创意者"的描述，我心里一惊，顿时停了下来。"创意者"是一位富有创造力和创新精神的思想家，喜欢创意无限的环境。他可谓是一个名副其实的创意源泉，随时都会迸发出灵感，他会冲进办公室，与同事们分享新的创意。在《从管理混乱到领导成功：30个领导力挑战，成为你想追随的领导者》一书中，我提到了这一点，在这里也想重温一遍，因为它与本章节的挑战十分契合。

我的困局（劣势）源自我的成功（优势）。我是一个容易冲动的人，当我更加深入地思考这个问题时，我意识到自己的冲动以及对行动的偏见，很大程度上都源于我自身的创造力。我的创造力并非与生俱来，更有可能由于天生的好奇心加上永不满足的阅读欲望，激发了我的创造力。从高中开始，我每天看3份报纸，每月订阅42种杂志，一年就能读完50多本书。当你花那么多时间沉浸于油墨书香时，你自然而然地就会学到一些东西。

现在，把我的创造力和我的冲动天性结合起来，你就会明白为什么我是众所周知的"创意者"了。乍一看，我本以为创意者在营销职业中具有无与伦比的优势。

在某些方面，这确实是一种优势。但是，在其他情况下，这绝对算不上优势。以我自身为例，我是一个创意无限的人，但是，当公司试图聚焦问题，明确定位其追求的目标时，我就可能成为其中一个比较大的干扰因素。简言之，过度的成功也会让我们陷入困局。解决之道就是欣然接受本章的挑战，并认识到“过犹不及”这个道理。但这种困局并不总是通过更多的投入（即更多的想法、更多的创造力、更多的选择等）来解决，你可能会误认为这是问题的解决之道，因为在某些人看来，营销就像一场博弈。这听起来似乎就是这样，但事实并非如此。与其他所有商业实践一样，营销的最佳方式是聚焦重点，并进行更加严格的管控：测试、再测试、挑战、问询、倾听。是的，没错。这并不意味着你要关闭自己的创造力，而是让自己意识到这一点：营销并不是多多益善，而是精益求精（详情请参阅挑战13：并不是越多越好，更好才是王道）

“过犹不及”是市场营销的真理，希望你仔细考虑自己的实际贡献。你无限的创造力和经历或者（像我一样的）冲动对你的成功或失败有影响吗？如果你放慢脚步，更充分地考虑自己整体的战略部署，暂不考虑具体的策略，把你的天才想法与其他营销专家和成功故事相比较，你可能提高自己的成功率吗？

这个挑战的目的是为了强调几个重点。你是问题的一部分吗？如果是，你如何减少自己的负面影响？当我采用以下这些方式时，我发现自己的品牌和成功率都有所提升。

- **减少自己的内疚感，扭转局面，反败为胜**。当我想要出风头时，我会尽可能多地抛出自己的想法。虽然有些想法能说到点儿上，有些却不着边际。
- **尽量少说自己的口头禅，或者不说**。“要是我们……，就会……”每次说这句话，几乎总能为营销部门贡献一个新的方案，这是一个永不休止、自我满足的循环模式，没有丝毫作用。这会对其他有决定权的领导者造成干扰，让他们偏离目前执行不力但十分正确的思路。

- **最后一个发言**。有太多次开会时，我当仁不让地冲到前面，一马当先，占领发言的制高点，结果，无意中伤害了后面每个人的感受。如果你和我一起开过会，你就会知道，我经常在还没有完全阐明挑战和成功之前，就开始提供解决方案。这就是所谓的“带着解决方案去找问题”或“过早地关注解决方案，却偏离了问题本身”。“首先要解决什么问题”比“如何解决”更重要。坦率地说，解决问题很容易，因为这关乎具体的策略，而策略通常都很有意思。要仔细思考你的战略部署是什么，并对自己的假设提出严格的要求。不需要多么有趣。

在探讨整体的战略部署（问题本身）时，要提高警惕，不去谈论具体的策略（如何解决）。要尽可能长时间地关注战略部署，然后再转向具体策略，这个时候，别人才能更好地接受你的最佳创意，因为时机恰到好处。对于自己的创造性灵感，你可能当时自我感觉良好，但实际上，当你急于求成，想要找到一个解决方案时，这个方案很可能是行不通的，或许这并不能让你很好地管理自己的品牌。

面对魅力四射、创意无限的营销人员，那些严格自律且手握决策权的企业领导者可能会大受影响，深陷其中。营销活动最终也以失败告终，因为每个人都有一点眼花缭乱的感觉，这种情况也并不罕见。这是因为营销人员没有仔细倾听，也没有与整体的战略部署保持一致。注意你的影响，用好你的权力，把握好时机。这可能比你想象的更重要。

- **对你的创造性解决方案进行规划和拆分**。我试着默默地做出判断，审视自己正在酝酿的那些令团队刮目相看的创意，看看它们是否真正对于解决我们正在讨论的问题有益，而不是我脑子一热，想在整个团队、委员会或会议上哗众取宠。在这方面，我的能力已经得到了提升。虽然创意X可能是你倒数第二个创造性解决方案，但可能最适宜将其应用于问题Z。而且，问题Z还没有被提及，可能几个月内都不会出现。在会议上偏离话题，话不投机，大家都没有什么收获，那这种会议就没什么意义了。

接下来，我要分享一个对我来说意义重大的困局，它伴随了我整个职业生涯。我曾与很多聪明的高管共事，他们中的许多人都有常春藤盟校的MBA学位，几乎都比我年长，经验也比我丰富。显然，他们每一个人都老成持重，做起事情来深思熟虑，慎之又慎，超乎我的预期。这是他们的"聪明"。我的"聪明"则在于我的"创造性"。毫不谦虚地说，我是一个非常有创造力的人。所以，为了在交谈的战略部署（问题本身）部分展示自己的"聪明"，我总是迅速地跳到具体策略（如何解决）部分，因为这是我的得意之处。这或许有些顾影自怜的意味，让我觉得自己在会议桌前和大家是平等的。因此，在大家看来，我一直是奔着解决问题去的，只是解决方案对应的问题尚未定论。坦率来讲，这损害了我自身的形象。这种形象并不是无可挽回，由于我的出发点是好的，与我共事的团队也颇受欢迎，团队成员也很重视我那种拿到台面上的"聪明"。但是，各种文化可能存在不同的评价标准，所以在我现在的公司行得通的东西，在你的公司可能就没什么作用。

简单地说，我操之过急了。

抵制自己的冲动，保持冷静，静下心来，认真倾听，等待合适的时机（总是比我认为的要晚）分享自己的创造性意见，这样情况就总能好转。亚伯拉罕·林肯（Abraham Lincoln）有句不朽名言：宁可被人认为是傻瓜，也不要一开口就消除所有的怀疑。

还有另外一个挑战需要提醒，即由于外界的不可控因素，不管你怎样谨慎，某些事情都无法实现，你需要在心理上和情感上做好准备。读完了挑战7"严重受挫，快速复原"，你应该已经开始准备了。

预料到某件事情会失败，并不意味着你不会竭尽全力去扭转困局。如果某件事情真的无法挽回，你的营销活动没有达到预期效果，你会做怎样的事后分析呢？事后分析是我学到的最有价值的营销工具之一。在每一次活动、大型会议、产品/书籍发布或多城市巡展之后，我们的团队都会积极地进行复盘，我们每个人都要进行自我反省，公开、自由地谈论哪些是有效的，而更重要的是，哪些是明显无效的。

这种事后分析的复盘对避免重蹈覆辙至关重要。不论结果如何，我们团队通常会对以下要点展开调查。

- **回顾初始目标**。初始目标的设定立足于现实，而非好高骛远，脱离实践？拓展目标对于公司收益和团队能力的提升都至关重要，但是，如果你的野心太大，急功近利，目标无法实现，则会摧毁你和团队的意志，扼杀前进的动力。设定目标时需谨慎，一旦实现了目标，可以让你学到宝贵的经验，为你的能力加码，同时还可以建立起别人对你的信任，提高你的自信心。你的目标是否是精心设定的，使你在整个过程中都可以对成功进行衡量，并能更早地知道事情是否偏离了轨道？在你的“记分板”和汇报计划中，你会内置怎样的成功和失败的衡量标准？作为营销领导者，你是否创造了一种安全的企业文化，鼓励人们尽早提出问题并加以解决，尤其是在你（作为领导者）的想法需要中途做出调整时。每一位领导者，不论其职位大小，都应该翻开安徒生的童话《皇帝的新装》，放在自己的办公桌上，以便随时参考和反思。没读过这个故事？相信我，去买一本吧！
- **考虑输赢**。“祸兮福之所倚，福兮祸之所伏。”一次营销虽然未能达到预期效果，但可能其中仍然包含了宝贵的经验教训，可以在未来作为参考。如果输赢不明显的话，我不会深挖到底，而是承认我们的困局，而非我们的成功，这是我们专业人士成长的地方。

我的领导风格是保持昂扬的斗志，因此，我们会讨论每一个进展顺利的问题，也会深入挖掘失败的原因。如果你想让自己和团队的能力得到飞速提升，就要保证公司内没有绝对的权威。从你开始，先做表率，承认自身的困局，这样，其他人也能够毫无顾虑地承认他们的困局。如果作为领导者，你既自信又足够细心，去抨击自己的想法和工作，那么你就创造了一个安全环境，其他人也可以效仿。

- **了解团队成员的工作是否与任务完成的方向保持一致。**插播一条重要信息：流程不是我的强项。在我整个人生中，我从未有过自然的线性思维。我不得不刻意培养这种能力，即便现在我已经52岁（本书写作时）了，我仍然难以驾驭这项能力。虽然我的初衷是好的，但我经常随意给团队成员分配任务，不去考虑具体任务与他们的天赋或职位是否匹配。现在，我越来越愿意与团队成员分享一些宏大的构思和计划，然后站到一边，有时甚至走出会议室，让他们决定由谁来具体负责哪方面的工作，让他们来做决定，并反馈给我。对于一个由能力卓越且十分可靠的员工组成的团队来说，这种方式的效果极好。在聘用员工时，我会特别谨慎，关注那些思想成熟且有自知之明的人，这样，他们就有能力顶上来接过重任，弥补我的不足。在大多数情况下，他们都能非常清楚地知道，谁应该负责哪个部分的工作。现在，如果我们要就新方案召开一次长达数小时的战略会议，整个团队会提前制订议程，并在特定的环节，故意将我排除之外，避免会议被我搞砸。我感觉自己被冒犯了？绝对没有。作为领导者，我会对自己听到的每一个想法进行评论或批判。事实上，没有了我的干扰，他们的许多才能才能够得到更好的发挥。坦率地说，我的缺席带来了更高的效率和团队参与，这增加了计划的可行性。我并不是说我可以去休假了，或者我在吃空饷，我完全没有存在的必要。恰恰相反。

有安全感和自知之明的领导者知道什么时候需要回避，或者更确切地说，什么时候自己不招人待见。有的时候，正是由于领导者在场，某件事情才始终没有进展，这是因为领导者非但没有提出宝贵意见，反而会不断地干扰、削弱或压制员工之间的交流。够意外吧？有时候，你就是那个领导者。

在适当的时候，我会被邀请参与总体计划，并在需要时，贡献自己的专长。当你的职业生涯达到这个阶段时（我花了比预期多几十年的时间），你已经从营销的困局走向了品牌的成功。

- **不要臆测预算、时间线或交付日期的完成标准**。当有人陈述看似事实的东西时，我最喜欢问的一个问题是：我们是怎么知道的？一位同事可能会在计划会议上说，所有的货物都已经到了。我会反问："你/我们是怎么知道的？"他们经常会说："因为我追踪了货物的运输情况，货物已完成交付。"我可以告诉你，有多少次我被告知"货物已完成交付"，后来却只看到其中一部分吗？或者箱子已送达，却不是我们的箱子；或者说我们的箱子确实到了，但里面只有150套，而不是我们会议需要的190套。

你懂的。在微观管理和制定高质量标准之间有一条细微的界限。练就一双慧眼，根除那些臆测之人。一直以来，我要的都是事实，而不是你的绝佳猜测。即便你只是在臆测小事，这也会导致你对大事进行盲目的判断。我也向我的团队成员明确地表示："我对你们施压，不是因为不信任你们，而是因为我想提高你们的能力和精细程度，让团队的标准始终保持一致，减少冲突和混乱。"

- **允许每个团队成员对决策和结果提出质疑**。越是这样做，企业文化就会越安全，团队成员也就越愿意畅所欲言。作为营销领导者，应该允许团队成员就一切话题展开讨论，定下民主讨论的基调，这样你永远不会被蒙在鼓里。虽然很多时候人们出于善意才说谎，但是，谎言最终会让你陷入被动。你的团队成员（或者，你生活中的每一个人，包括你的配偶/伴侣、孩子或你自己）会对你撒谎，这与你营造的安全环境有关，它决定了员工会告诉你多少事情的真相。如果有人告诉你，有一批货晚到了，你会不会失去理智，大发雷霆？被蜇过一次，没有哪个傻瓜会再去招惹马蜂窝。欢迎来到你自己营造的谎言世界。如果你作为营销团队的领导者，得不到准确的信息，或者团队成员在事后分析时不能畅所欲言，这百分之百是你的错误和责任，你必须要改正。

试着去实施这一挑战中分享的深刻见解，看一下有多少不见起色的事情在未来可以出现转机？

破解营销困局，实现品牌成功：

过犹不及

除了本章概述的许多具体策略和潜在行动外，你还可以采取以下重要行动：

- 认识到每个人都有盲点，包括你和我。
  - 私下里，在没有别人注视或评判的情况下，在一张纸上，画一个T形图（简单的“利弊”列表），并写下一个主题，例如“我的优势”和“我的劣势”，或者“我如何聚合他人的思维”和“我如何分散他人的注意力”，或者“我如何做加法”和“我如何做减法”。
  - 任选一个标题，都能让你更加清楚，自己是怎样成为了解决方案或问题的一部分，分清楚哪些有效，哪些无效。

- 打开日历，留出时间让自己不受干扰地思考，也许是在每天开始的时候，或者是一周开始的时候。
  - 用畅销书《专注力管理》的作者尼尔·艾亚尔的话来说，“人们更喜欢行动而非思考。”记住，“具体策略”是行动，“问题本身”是思考。因为面对这种问题，你要开始建立新的肌肉记忆，忘掉之前早已习惯的常规方式，你必须要走出自己的舒适区。进一步引用富兰克林柯维董事长兼首席执行官鲍勃·惠特曼的话，“思考是一种合法的商业活动。”
  - 使用自己的T形图，认真考虑你应该开始、停止、继续或弥补什么事情。如果发现有些事情自己很喜欢，但却没什么用，要勇敢放手。

挑战9

不要只做自己最熟悉或最喜欢的事

你的激情和才华是否影响了
你对公司真正利益的判断?

我曾看过这样一个统计数据：在人的一生中，只有极少数人（不到1%）拥有真正的原创性思维。想到这一点，你可能认为这是一种侮辱，略感沮丧，但这可能就是一个令人警醒的事实。要知道在地球上，存在过的有思想的人类总数已经累计超过1100亿，这可能会让你心里稍微平衡一些。让我们坦然地面对这一现实。我们当中的很多人可以对于某种既定的思想、发明或业务进行整改，或者从不同的角度进行思考，我们就藉此聊以自慰吧。这种方式没有什么错，许多独角兽公司之所以能创造数10亿美元的市值，是因为像你我这样的人，对某一个想法做出了独特的转变，让其青出于蓝而胜于蓝。

大约在2003年，我住在芝加哥，开始做副业。那时我还单身，时间很宽裕，每个周六的时间都可以自由支配。

想想看，每个周日以及每个工作日的清晨和晚上6点钟以后的时间，都是属于我的个人时间。我现在有了3个儿子，他们占据了我全部的个人时间，想到这一点，我就非常沮丧。让我们言归正传吧。

那时候，我每个周六的日常习惯安排如下：先在外面享用一顿惬意的早餐，然后读《纽约时报》，去健身房，去书店，再看一看晚餐盛宴吃点什么；不知怎么地，我还有额外的时间，处理一些迫在眉睫的事情，去理发、按摩、修指甲或是修面。

是的，读到这段看似虚构的描述，可能会让你心生嫉妒或者厌恶。后来有一天，我在健身房遇见了一位女士；7年后，我们结婚了，有了3个儿子。我现在的家就像一个鸟巢，窝里的雏鸟嗷嗷待哺，口中念念有词，“529（教育基金）、529，嘿，老爸！你在我们的529账户存款了吗？”资金丰厚的晚餐盛宴和放松身心的按摩计划早已没了踪影，取而代之的是孩子大学教育储蓄账户以及一大堆需要父母履行的抚养义务。但是，让我们先暂时回到芝加哥那些无忧无虑的周六时光。

一天，我在当地一家美甲沙龙做男士指甲护理，我每周都会去，我预约那位美甲师的服务已经高达数十次了，我们彼此也熟识了。那天，她戴着一副意大利里拉硬币做成的耳环。年轻人可能不认识里拉这种货币，这是意大利使用欧元之前的货币。

那对耳环吸引了我的注意，因为我酷爱旅游，感觉将旧硬币变成时尚的饰品是一件很有创意的事情。出于好奇，我向美甲师询问耳环的来历，她听后非常开心，脸上洋溢着灿烂的笑容，向我讲述了她当年的意大利之旅，以及她的丈夫如何将旅行中多出来的硬币做成耳环，当作礼物送给了她。显然，她非常喜欢佩戴那对耳环，从中获得了莫大的快乐。一开始，这只是一次普通的谈话，后来我被她的热情所感染，迸发出了一个有创意的灵感，创办了一项蓬勃发展的业务。

我离开那家美甲沙龙，几个小时之内，就启动了一项业务：订制硬币魅力手链，这是我对"硬币耳环想法"的一次思路转换。就像生活中所有的事情一样，这次我也押上了所有的赌注。我按磅计重购买硬币，买了大量（貌似数不胜数）不同国家的硬币和货币，装满了数十个档案柜。我把这些硬币按照大小、颜色和国别进行分类，很快就迎合了芝加哥各地女性的需求。卖家们会在表格里填写需要哪个国家类型的手链。然后，我就开始工作，将闪闪发光的硬币小心翼翼地放入特制的纯银边框中。硬币手链多种多样，但据我研究，为旅行或文化传统而定制的手链并不多见。实际上，那个时候，这种手链是不存在的。

我的生意非常火爆，手链摆在商场报亭、邮轮礼品店、发廊和服装店里。每天晚上从公司下班回家，我都会接到15—30个订单。很多个晚上，我会工作6—8个小时，直至凌晨3点，完成所有的订单。我的业务不断发展壮大，我真的从无到有创造了一些东西，说实话，这是我人生中感觉最棒的一段时光。我找到了一种方法，可以在别人的创意中注入新的元素。很快，我去参加了各种国际珠宝展以及硬币和钱币展会，几乎变成了货币交易员，因为我需要以尽可能低的成本拿到硬币。

在培训和咨询行业工作了这么多年，我再也没有体会到因创造某种有形的东西而拥有的那种自豪感，那种感觉难以用语言形容。看到每一个成品手链都与清单上顾客填写的表格匹配起来，我会产生一种即时的满足感。这些成品平均约包含8枚硬币，零售价约为170美元。考虑到潜在的销售量，这是一笔不错的生意。但是，这也是我一个人的生意，上上下下就我一个人。我负责各项业务流程，包括采购、物流、生产、包装、营销、设计、销售、完成、交付、发票、运输等。

最后（你可能已经猜到了），我无法满足客户的需求，因为那样会影响我在富兰克林柯维公司的日常工作。我也陷入了一种特殊的营销困局中：我醉心于自己最喜欢的业务，主要是坐在阁楼上厨房的柜台前，挑选硬币，手工制作每个手链，将其放进包装盒，系上蝴蝶结，在交付成品时，感到无比的自豪。我被烦人的业务缠身：计算、收取和支付销售税，在零部件供应商断货时，寻找备用供应商家。我也讨厌这样一种需求，即不断降低商品的成本，我需要寻找同样漂亮但面值较低的硬币；比如，当顾客寻求一枚英国硬币时，他们想要的是1.8美元的英镑，而不是便宜得多的便士（这样会降低我的利润）。

通过做自己最熟悉和最喜欢的事情，我忽略了业务中许多令人感到无聊、疲惫或超出我自身能力的事情。但我所回避的正是那些能够推动业务可持续增长的因素，并且是我超越本地零售商规模所必需的因素。我深入研究了自己所擅长的领域，或者，实话实说，我自认为自己最受认可的领域。我认为自己跟大多数个体企业家没什么区别，或者就此而言，我跟其他企业家一样，只是试着施行自己的想法，并被自己最喜欢的部分所吸引。现在回想起来，当时我过于专注于自己喜欢的事情，而忽略了业务维持和发展的关键因素，长此以往，这项业务就可能毁于一旦。我永远都不会知道结果会是什么样子，因为正当我的生意处于临界点时，我开始和现在的妻子约会了。二选一……她赢了，我放弃了硬币生意。

我认为，我们这些从事企业营销工作的人或者任何在负责营销工作的人，都可能会遇到类似的矛盾和对立。在市场营销中，过多的选择可能会毁掉自由散漫者和有预设倾向者的职业生涯。我认为这是营销工作的一项独特挑战，其原因在于：在金融或财会领域，有多少人会为是否使用数据透视表而纠结？我的意思是，得了吧！此处无意冒犯财会部门的同事，但我认为，与其他定义明确且选择更具针对性的部门相比，营销部门存在的选择实在是太多了，千真万确。太多的时候，我们过于关注自己的优势和个人热情，以至于冲昏了头脑，看不清使用哪些营销渠道和媒介类型，才能给我们的业务、行业和潜在客户带来最佳效益。

在我们当中，有人偏好印刷制品，有人则认为社交媒体更具吸引力。广播？电视？直邮？广告牌？数码？优惠券？促销活动？快闪店？电子邮件和营销自动化？搜索引擎优化？动画视频？或者其他方面？如果随心所欲，我们就会选择那些让自己感到最安全、最熟悉、最快乐、最充实、最受认可的东西；坦率地说，我们会选择自己喜欢的营销方式。在现实情况下，这可能与人口统计和心理特征无关，或者最重要的是，与我们潜在客户的状况无关。我只是在指出我们在营销生涯中都要面对的现实。我们需要有内省的意识，也要足够成熟，能够认识到这一点：我们在倡导或者（更糟的情况）使用营销工具时，考虑的是满足自身的创意表现欲，而忽视了什么对业务工作来说是最好的，什么能吸引和保持理想型客户的注意力。挑战自己对整体业务特定需求的思维定式，当你倾向于自己的（可能是潜意识的）喜好时，要有勇气承认这一点。

牢记第一个挑战的内容，即热切关注客户及其需求，以及你的公司满足这些需求的独特能力，这种方式有助于缓解随心所欲的不良影响。如果你能践行一些合适的理念，如最小可行性市场（最小有效市场）和以客户为中心的持久理念，你的营销工作自然会集中在正确的沟通工具上。一旦你深入了解客户信息，知道他们的住址以及他们玩乐、学习、交流、上网或搜索等习惯，你就很清楚应该利用哪些营销渠道与他们展开对话，并赢得他们的持续关注和信任。这听起来可能有些过于理想化，但与本书中的其他概念一样，这一点也是很实用的。专注于客户，这样，你工作的重心就自然而然地放在当前正在进行的营销活动上，包括营销投入的方式、地点和时间，以及哪些渠道的支持力度最大。这样，你基本上就可以让自己避开随心所欲行事的不良影响。

有时候，我们在团队中倾向于自身的偏好和热情，导致对客户的疏离。如果你想看一看工作中的确认偏误，去你们公司的常规营销部门，找到有营销决策权的负责人，他或许拥有良好的教育背景，但并不是营销方面的背景；让他看一个爆红炫酷动画视频，他会爱上这个视频，并向他的同事（以及他的上级）展示这段视频的魅力；每个人都认为，这将是有史以来最炫酷的东西！让所有人为之折服的是这段视频火爆传播的强劲势头。当它不能对你的潜在客户产生任何影响时（因为与客户交流的最佳方式不是动画视频），你会看到人们编造出各种各样的借口，用以弥补对客户关注的不足。

我建议你现在花点时间，回顾一下自己倾向于选择哪些场所、渠道和媒体开展营销工作。然后进行快速的交叉参考，看一看，其中有多少可以纳入专业的营销策略范畴。

你可能会惊讶地发现，在潜意识里，所有的营销人员（包括你自己）都在倡导自己最喜欢的东西。你越是承认这个现实，就越能将自己喜欢做的事与必须做的事区分开来。

破解营销困局，实现品牌成功：
不要只做自己最熟悉或最喜欢的事

- 确定哪些事情是你不喜欢且正在逃避的。
  - 扪心自问，营销工作的哪些方面让你感到“不适”，以及有多少事是你在避免、忽视或彻底放弃的。
  - 认真思考一下，你能做些什么，减少这种不适感？这样，你就会愿意做这些方面的事情，而不是远离它们。
  - 想办法提升自己的判断能力。
  - 如果合适的话，可以将这件事委托给你信任的同事。
  - 找到一个可以为你提供指导的人，这样会提升你的信心，减少与之相关的不适感。
- 找出你喜欢做且可能会做过头的事情。
  - 要认识到，所有人一般都倾向于做自己擅长的事情。
  - 评估一下是否存在你过于偏爱的营销方式，这种方式可能正在损害你的品牌形象或降低你对公司的贡献。
  - 有意识地让自己的热情和擅长的（或可能擅长的）领域与公司和行业重视的事物保持一致。准备好走出自己的舒适区，尝试新技术、新渠道和新媒介。

挑战10

提高你的商业敏锐度

你了解自己公司的“业务”吗？

让我们暂且统一一下标准。每个组织中的每名员工，无论其角色和组织的规模或使命如何，都需要了解雇主的盈利模式。是的，这包括那些以绝佳创意而闻名的右脑型营销管理者。无论你是一名在《财富》500强跨国公司工作的新手营销协调员，还是一名在小型牙科诊所的营销负责人，或者是一名在非营利组织身兼数职的项目经理，你都需要了解你所在组织的盈利或筹资方式。即使你在一家私人企业工作，除了特定的项目预算，老板可能不会与你分享或披露其他的财务细节，但是，你问得越多，理解得越多，就越明白如何推动公司的盈利业务（并可能在此过程中获得加薪或奖金）。

我推荐拉姆·查兰（Ram Charan）的著作《CEO说：人人都应该像企业家一样思考》。这本书简明实用，作者探讨了业务的基本组成部分，即每个人都必须理解的5个部分：现金、利润、速度、客户和增长。拉姆是一位全球首席执行官，也是董事会的教练和顾问。他拥有无与伦比的商业智慧，其作品也意义深远。

其次，我推荐你学会看损益表，并了解资产负债表的作用。为什么呢？因为每个组织的目的，要么是为了盈利，要么是为了提供服务。有些二者兼有。每个组织都会使用损益表做预算。

我31岁时才学会看损益表。如果你还没有时间自学，我先带你过一遍主要内容，你可以以此为起点，展开学习。如果你对这一部分内容已经驾轻就熟，可以考虑参考本章的内容，教一教那些尚未涉足这一概念的团队成员，帮助他们提高自己的商业敏感度。你可能会惊讶，那么多受过高等教育且能力卓越的专业人士从来没有接触过公司财务信息；如果他们信任和尊重的人给予他们相关方面的指导，他们感激不尽。坦率来讲，很多文化都不提倡“示弱”。很少有人提倡暴露自己没有商业嗅觉，所以这可能是你帮助他人进行职业转型的机会。

我没有MBA学位，也没有金融财会行业的工作经历（听起来有些荒唐)；除了大学里学的微观经济学和宏观经济学之外，我没有上过任何其他正规的商业课程，即便上过这两门课，我也学得不好，只学到了数据统计的一点皮毛。我走的是文科生的路线，我怀疑很多营销行业的人员同我一样也是文科生出身。文科背景的人会重点关注沟通交流、人际关系和公共关系、组织发展、广告策略等。由于只学了必修的数学课程(多亏了额外的学分，我才得以通过考试)，在职业生涯早期，我对公司的财务信息几乎一无所知。我的大部分财务知识都是自学的，但我以优异的成绩毕业于一所特殊的“学校”，即残酷的“社会现实”；在这所“学校”，“你要么搞清楚，要么另谋高就”。只是不要让我计算净现值(NPV)或发行股票的看跌期权和看涨期权。

你要像我一样，本着同样的精神接受本教程，即对自己所在专业领域的充分了解和绝对尊重。如果我的描述和例子不适合你，那么你还可以在搜索引擎上搜到无数的学习视频(请去搜一下；你需要的不仅仅是这方面的工作知识，这样，你的营销决策既与业务紧密相关，又在财务方面具有合理性)。但是，如果营销人员要想避免陷入潜在困局，就需要去了解与公司财务相关的术语和基础知识。

P&L代表“利润”和“损失”。损益表有3个主要组成部分：收入、费用/支出和利润(你的底线)。从网上找一个通用的损益表，花些时间，更好地了解其格式。但是，我们现在只强调主要部分。为了简单说明这一点，现在假设我们开了一家热狗店。

大多数好听的热狗店的名字已经被人用过了，比如“完美的弗兰克”(Perfectly Frank)、“我梦维尼”(I Dream of Weenie)、“芥末的最后一站”(Mustard’s Last Stand)、“怎么了，狗狗”(What’s Up Dog)，所以我给我们的小店取名为“咸味狗狗”(The Salty Dog)。玩笑就开到这儿，让我们来看一些基本的损益表术语：

收入(销售额)：在一天中赚得的最高金额(现金、赊欠或其他收款），包括你打烊时，放在收款箱准备存入银行的现金。

销货成本：这个术语的首字母缩写是“COGs”，与cog（轮齿）发音相似，只是后面多了个“s”。销货成本是与产品制造相关的费用，包括热狗肠、面包、所有的调味品、罐装苏打水、冰、杯子，等等。总的来说，是我们前一天晚上从超市购买相关物品的花费。

销售和管理费用（SG&A）：这些都是运营热狗店所需的额外费用。包括我们为经营场地支付的租金、支付给员工的小时工资（或佣金）、燃气费以及与经营相关的其他费用（不包括与产品制造相关的费用）。

营销和广告费用：所有与业务推广和场地相关的费用。在这里，我们会记录在社交媒体平台和教堂公告上投放广告的费用、在当地广播电台录制和播放广告的费用、打印名片和传单以及在社区分发的成本。

技术费用：我们的热狗店可能不需要太多技术支持，但是业务运营需要相关的设备、网络或其他技术。这包括公司的电脑、办公用品、信用卡刷卡器和电话的费用。

利息支出：大多数企业都以机构贷款的形式获得资金，作为运营资本。有贷款就会产生利息。还记得从租赁公司“查克爷爷”那里租来的餐车和巨型充气热狗吗？租赁公司希望租金能按时支付……还可能有其他费用。

税费：做生意是一定要交税的。“咸味狗狗”热狗店要缴纳各种税费，包括地方销售税、州和联邦所得税、失业和医疗保险税，以及税务局想从我们这里合法“勒索”的任何税费。

净收入：我们正在为建立一个“热狗帝国”而奋斗。

最后，12小时轮班剩下的3.12美元对我们的家庭来说，可是一笔不菲的收入啦！

一个组织通常会在特定的时间内对其损益情况进行跟踪：月度和季度，当然还有财政年度（可能与公历年度一致，也可能不一致）。上述每个术语都有其单独的子类别，所有的费用都有详细的划分，以便跟踪费用的增减，并允许所有相关人员对“损益表”的走势和重要方面进行分析，以便进行更好的成本控制，并为未来的增长做出更好的投资规划。

除了增加自己的财务知识，你还应该培养自己的求知欲，去更多地了解组织的目标、挑战、竞争、资金筹集、扩张计划等方面。对不同的业务组成部分了解得越多，你的思维就会越全面。我忘记这句话是谁说的了，但我一直记得：“你的词汇量越大，你的思想就越有深度。”即便只是粗略地了解一下贵公司的财务词汇，也能帮助你避免陷入“业务文盲”的困局。

破解营销困局，实现品牌成功：

提高你的商业敏感度

- 熟悉与损益相关的语言。
  - 如果你擅长解读损益表，那么利用这个机会，把你的团队或生活中所有能从中受益的人召集起来，让他们也学一学。
  - 如果你在一家上市公司工作，可以查阅你们公司的年度报告。
  - 如果你在一家私企或新公司工作，公司没有损益表，可以在网上找一个，并将其作为学习和教学的模板。没有关系，只要能够帮助他人学到更多的东西就够了。
- 找一位专家帮忙。
  - 如果你一想到计算息税前利润（EBIT）或息税折旧及摊

销（EBITDA）就头疼，那就吃两片止疼药，然后去找一个熟悉金融或财会业务的朋友。我百分之百肯定，所有人都会很高兴地向你介绍公司损益表的所有内容，让你快速地了解相关情况。
- 在这方面驾轻就熟，你就能够对公司的业务了然于胸。

- 了解公司的盈利模式。
    - 把你的团队召集起来，或与高级主管会面，讨论你们公司业务中最关键的业务手段，以及如何推动该方面的进程。

挑战11

界定最小有效市场

你观察市场的工具是万花筒还是显微镜？

最近，我与领导力和营销大师赛斯·高汀（Seth Godin）一同参加了一次电话会议。在会上，赛斯为我们的一位客户提供了慷慨而丰富的指导。他称自己为反传统主义者（打破常规者）。当他说这句话时，我笑了，因为这一点我和他有点儿像；但赛斯处理事情时的沉着和优雅是我无法企及的。除了史蒂芬·柯维博士和他的富兰克林柯维公司联合创始人海伦·史密斯之外，我也从赛斯·高汀那里学到了很多东西。我反复阅读他的书和每日博客，赛斯的书和11年来的每日博客文章对我自己的职业生涯很有帮助。是的，你没有看错，11年来，赛斯每天都在写博客，一天也没有停过。如果你也能连续11年（4115天，这还不止）如一日，每天不间断地做一件事情（维持生命的身体机能除外），你也会像赛斯·高汀一样建立起自身的影响力。如果还没有订阅赛斯的每日博客，请放下书，现在就去订阅吧。这将是你职业生涯中最有价值的投资。

好了，我们言归正传。订阅完之后，再回来，可能得几个小时之后了，但是，如果你阅读了赛斯最近和归档的40篇博客文章，我是不会介意的。换做是我，我也会这么做的。就像在《纽约客》上看到马尔科姆·格拉德威尔的早期文章一样，你会沉浸其中，忘记了时间，不知不觉可能已经过了午夜时分。就像沉浸于Netflix视频一样，赛斯的博客只适合那些仍在坚持读书的聪明人（有人可能不喜欢我这样说，可能会发邮件骂我了）。

赛斯是一位多产的作家，他出版了一本著作，名为《这才是营销：只有学会看，才会被看见》。赛斯的这本书和你们现在读的这本有很大的不同，我强烈建议你们也读一读他的书。《这才是营销》与《精准营销：更低投入，更高回报》是相辅相成的两本书。实际上，我认为《这才是营销》的第四章“最小有效市场”是“市场营销”主题有史以来最具价值的一章，很明显也是本章“挑战”主题的灵感之源。它引入了一个我看似无法摆脱的概念，可能是因为我一直在反其道而行之。经他允许，我在这里摘录了一段话[1]（你的读书笔记一定要摘录这段）：

> 不懈地追求大数量（“大型市场”）会让你感到枯燥乏味，因为大数量意味着普通，那是曲线的中心，要求你不能触犯任何人，而是满足每一个人，这会导致不停的妥协和一般化。还是从最小有效市场开始吧，如果想让你的努力有价值，你需要影响的最少人数是多少呢？
>
> 如果你能改变30个人，或者3000个人，你需要慎重选择这些人。如果你的规模有限，最好把你的精力集中在市场的构造方面。
>
> 最小有效市场就是这个能够带领你成长的焦点，听起来有点讽刺，却也可以让人很开心。

如果你跟我一样，反其道而行之，选择从最大的有效市场入手。大型市场更直观一些。我不会往小处想。比如，周五的晚宴要邀请多少人？我会选择6对夫妇，而不是两对。或者为儿子开生日派对，需要悬挂多少只气球？当然，我会选择挂600只。推动一个新的培训方案？我会选择在全球175个城市巡回展开。我不善于从小处着眼，这并不总是一种优势（尤其是周五晚上11点，酒足饭饱晚宴结束之后，需要收拾12个人的碗筷，洗碗机都盛不下）。

把网撒大一点，想象一下你能捞到多少鱼。

我们当中有谁被教导或被鼓励考虑小问题的？为什么要浪费时间从小处着手呢？人生苦短，要去做大事。在你界定自己的最小有效市场时，会面临很多制约因素。虽然受限，但可以让你更专注。

这也是更明智的选择。

---

[1] 赛斯·高汀.这才是营销：只有学会看，才会被看见[M].李兰杰、陈治宇译.北京：中国青年出版社，2020:048-049.

当你花时间先仔细地（哪怕是“短视地”）查看购买自己产品的潜在客户的个人资料时，你对客户正确定位的几率会成倍地增加。通常情况下，由于我们太过冲动，许多营销人员和创业者（或内部创业者）急功近利，想要尽快扩大业务规模，实现快速发展。我们缺乏足够的耐心和自制力来实施赛斯的建议。

我一个朋友的女儿想在网上售卖精品服装。这位朋友的第一反应是考虑整个行业的布局，提出一些疑问，因为要与亚马逊（以及其他众多服装零售商）竞争，突出重围，找到一个可行的市场是不可能的。但是，他后来让女儿缩小关注的客户范围：她最热衷于服务的最小客户群体包括哪些人？她对哪个客户群体了如指掌，对其服装购买偏好和挑剔习惯有何独到的见解？随着我的这位朋友不断地提出疑问，父女俩有了一个出乎意料的发现：他的女儿最近做了减肥手术，并加入了几个专门为那些同样经历过减肥手术的人服务的在线社区。她和其他社区成员面临的个人挑战之一是需要购买新衣服（有时每两周买一次），因为体重减轻了，以前的衣服不合身了。当然，有很多在线服装供应商乐意继续卖给他们小码的衣服，但没有一个供应商能与这个特定的群体交流，并深入了解他们在减肥过程中所面临的挑战和获益情况。我朋友的女儿开始建立自己的商业模式，她意识到这些社区成员可能会多次购买同一套服装，只是尺码不同而已。因此，她创建了支持和折扣体系，随着客户体重的减少加大折扣的力度（最终实现终身折扣）。当她专注于最小的有效市场时，一条以独特而有力的方式为客户服务的道路突然变得畅通起来，因为她可以把工作落到实处，按顺序列出可能购买她的产品的客户名字。现在，乍一看，你可能会认为，这种业务规模是无法扩大的。但关键在于，你可以充分关注第一个、第二个和第三个成为你客户的人，谁关注了你的博客，或者订阅你的新闻信件[1]。当你从这个角度看待你的市场时，你就会充分专注于那些对你的产品或服务充满热情的人，了解他们的期望、偏好、需求、概况等，这样你就可以找准方向，有条不紊地拓展相关产品或服务。希望她能读一读本书的“挑战9”（不要只做自己最熟悉或最喜欢的事），避免让她的生意像我的硬币手链业务那样夭折。

有时，最小的有效市场是偶然发现的，可能比预期的时间要晚一些。我最近观看了对iRobot公司前营销传播副总裁南希·杜索·史密斯（Nancy Dussault Smith）的访谈；在iRobot公司生产和销售的产品中，有一种非常流行的电池驱动的自动清洁吸尘器Roomba。这款产品最初被命名为CyberSuck（这个名字是认真的吗？），他们从未想到，这款产品的早期用户是罹患心脏病的老年人。令他们惊讶的是，最初的买家是心脏病患者，由于手术后需要居家休养，他们经常喜欢在家自娱自乐，因此他们经常打扫。但是由于涉及体力消耗，显然医生不鼓励这类患者使用吸尘器。说个题外话，这些人家里的吸尘器一定很重，粗毛地毯应该也非常厚。

iRobot之所以获悉这一特殊的市场，是因为工作人员开始收到大量有关机械故障的投诉，远远超出了公司在质量检测中发现的问题。

通过进一步调查以及对吸尘器的主人或用户的采访，他们发现，在早期购买Roomba吸尘器的用户中，心脏病患者占了相当大的比例，因为他们中的许多人都要居家休养（至少一段时间内），所以他们使用吸尘器的频率远远高于普通的房主。平均而言，他们使用Roomba吸尘器的频率是每周4次，远超产品预期。此外，从某种程度上来说，吸尘器也算是一个伴侣，超过65%的主人会给他们的吸尘器取名（我妈妈给她的吸尘器取名为“贝蒂”）。

---

[1] 原文为newsletter，是一个很好地集中推送某一主题相关内容的方式，可以包含不同的呈现形式，比如将文章、视频、播客等推送给订阅读者，将创作者们的诉求回到和读者建立直接的联系，摆脱平台的绑定，摆脱流量竞争和算法的干扰。——编者注

这些用户的生活多多少少都有些无聊，他们对自动扫地机器人这种新奇的东西也很感兴趣，真的会让它们物尽其用。

Roomba的故事让我们所有人都深受启发。我们从中学到了两点：理解买方角色（挑战20）和界定最小有效市场。我很难相信他们会将心脏病患者界定为他们的最小有效市场，但这谁又能知道呢？如果是这样，他们可能会倡导，让Roomba成为病人出院时医生的推荐产品，那么他们的营销对象可能会变成关心父母康复情况和社交生活的成年子女。

为了界定你的最小有效市场，你是否经过细致入微的思考？除了你的母亲，谁是你真正的第一位买家？在第一位买家购买了你的产品后，再问一问自己，你的第二位买家是谁？第三位呢？以此类推，一个接一个地列出买家名单，直至确定自己事业的发展轨迹。

谨小慎微地从最小有效市场开始，逐步积累，不要对最大市场望洋兴叹，这需要非凡的自制力和耐心。这并不意味着你要放弃自己的远见卓识和宏伟目标。你应该看一看我针对本书做的愿景板。刚开始，本书面向的读者群仅有几十人，包括首席营销官、营销副总裁、营销总监、经理、协调员、产品线领导、品牌经理以及公司中所有与市场营销、公共关系、广告、销售、社交媒体等相关的人员。后来，加上了所有学院和大学的市场营销专业相关的教授，告诉你，总人数可达数百万！这是一个天文数字！

但是，从另外一个角度来看，这里也存在一个困局。我将赛斯的建议应用到这本书中，我提出的“最小有效市场”仅面向近期升职到新岗位的营销人员。我在领英上搜索了一下，有一些发现；这么说吧，这类人员也还不少！所以我对他们进行了分类，并重点关注那些真正获得市场营销学位的人，因为在我看来，他们最有可能一心一意地从事市场营销职业。当然，我认为整体有效市场更大，但这一原则让我能够专注于这类人员的需求和挑战（我也深知需求和挑战远不止于此）。所以，你手里拿着的不是一本关于营销实践的大学教材。事实上，正如你所看到的那样，我很少谈及学术见解，因为大学教授已经谈得够详尽的了。这更像是一本营销职业手册，教你如何在建立企业品牌的同时，也树立你自己的品牌，这样你不仅能够为企业带来增长，也可以为你自己和周围的人创造机会。我对本书的最小有效市场的认知越来越清晰，但这并不表示我分享的经验对其他人（包括你）没有什么意义，无论你处于销售或营销职业生涯的哪个阶段，都可以从中受益。你可以从中汲取力量：集中你的观点，增强你的逻辑，帮你了解将要面对的最小有效市场，提升你对其间挑战的感知能力。

我不会装模作样地设想那些初入营销职业的新手绝对会买这本书（单凭这一策略也无法实现长期、广泛的图书销售）。但是本书确实汇集了我的思想精华，让我关注各个章节的内容及其顺序的安排、自己在其中分享的特定困局和成功以及向哪些人寻求帮助。从大处着手是一件很诱人的事情，但会让你陷入营销困局。但从小处着手往往最终会给你带来意想不到的回报，可以让你避免陷入营销困局，是一种获得品牌成功的好方法。

破解营销困局，实现品牌成功：
界定最小有效市场

- 购买并阅读赛斯·高汀的《这才是营销》一书。
- 抵制自己本能的冲动，在计划、设计、创造和沟通方面，不要好高骛远，而是要脚踏实地，从细节入手。
    - 慢慢起步，深思熟虑，方可行以致远。想象一下，将冲洗液倒入汽车油箱的过程，你是用漏斗来集中控制流量，还是一下子全倒出来。无论是漏斗集流还是营销困局，都适用同样的原则。

- 开始时要专注，从小处着手，知道谁是你的第一个客户，然后是第二个，接着是第三个。
- 研究雷切尔·霍利斯的作品，将其作为如何与最小有效市场沟通的绝佳范例。雷切尔写了很多畅销书，包括《醒醒吧，女孩儿》（*Girl, Wash Your Face*）和《女孩，停止道歉》（*Girl, Stop Apologizing*）。2019年，她的书销量高达450万本，在美国作家中排名第二，仅次于前第一夫人米歇尔·奥巴马。
    - 关注雷切尔如何论述其自身市场的忧虑、痛苦、恐惧和梦想，她如何与数以百万计的人交谈，就像每天做完瑜伽后坐在星巴克喝咖啡一样轻松。我最近去过她在奥斯汀的办公室，在提到她的市场时，她无意识地用“她”这个称呼。这种称呼是刻在骨子里的，已经习惯成自然。雷切尔非常喜欢说“我和‘她’正在交流”，甚至到了一种痴迷的程度。这里的“她”，雷切尔指的是数以百万计的女性读者、企业家、全职母亲和有副业的家庭主妇等，她们向雷切尔寻求建议、智慧，甚至是联结关系。
    - 花点时间，跟着戴夫·霍利斯学一学。戴夫是《打破自我禁锢》（*Get Out of Your Own Way*）一书的作者，他以同样的谨慎、幽默和细致解读了同一原则。我非常喜欢雷切尔和戴夫的作品以及他们对待客户和追随者的方式。

挑战12

制定流程，发挥创造性人才的作用

无限的创造力对结果的作用是
一种促进，还是一种阻碍？

与本书的其他挑战一样，本章不是教你如何制定和执行营销流程，有很多专家和供应商已经给出了很成熟的建议，来解决这种问题。相反，这个挑战关乎选择，即你迟早要面对的一些选择。坦率来讲，做出选择需要大量的自我反思，并且很可能会促使你颠覆自我认知（参见挑战6："决定自己的任期"）。或者，不然。重要的是要认识到这个决定的重要性和必然性。

在我担任首席营销官的巅峰时期，我们的团队规模空前壮大，共有约35名团队成员。在团队的历史上，我们第一次从公司之外聘请了一位高级助理。与许多公司一样，富兰克林柯维拥有强烈的"内部提拔"文化，高级职位人员很少从外部聘请。即便是有"空降"的高管，任期也都很短暂。融入我们的文化对每个人来说都不是一件容易的事，尤其是那些在我们总部工作的人——这也是大多数企业的真实写照。

在新员工招聘时，我们的网络策略看起来就像一个"电话"游戏。对于那些不熟悉玩法的人来说，故事以一种方式开始，之后会演变成另一种叙事方式，完全不同于最初的预期。我们的网站有几十个独立的站点、数百个登录页面以及数千个独立页面，这些独立页面存在一连串坏链或死链，点击后，完全无法打开。我们有一种创业文化精神（这是非常棒的），但这可能会导致一些过度授权的问题。在这种情况下，似乎所有握有预算的人（即所有领导者）都可以为自己的部门、计划、解决方案、书籍或个人项目创建网站或微型站点。这段时间也恰逢网络域名的"狂野西部"时代。如果你有懂编程的亲戚，你会毫不犹豫地把他们拉过来，帮你建设部门的网站（通常网站平台由他们来定）。

在这样的背景下，我冒了很大的风险，在公司之外找到了一个精干的人。他思想先进，受过良好的教育，拥有国际工作经验和过硬的用户体验（UX）专业技能，并且来自于我们相当孤立的企业文化之外；在我看来，我们的这种文化会助长群体思维。这位新员工体现出了令人惊讶的价值。

但私下里，我担心他能否在我们公司40多年的“内部晋升”文化中得到很好的发展。

请记住，随着我们影响力的提升和业绩（收益）的完成，我们的团队每年新增约3名员工。像很多小团队一样，我们的工位距离只有10英尺[1]，更方便沟通，彼此之间也更信任；团队成员关系密切，距离也非常近，喊一嗓子或者转转椅子，随时随地就能召开团队会议。这种情况持续了5年之久，10名同事都在彼此不远处办公，彼此信任度也很高；因为当时还不流行在办公桌上戴耳机，大家无话不谈，彼此之间也没有什么秘密。因此，团队并不需要太多（好吧，任何）正式流程。我们思路敏捷，宽容大度，善于沟通，精明能干，一心只为公司创造更多的业绩。

直到后来，我们失去了这种紧密合作的条件。

我们的团队成员从10人激增至30人，整个团队变得像一盘散沙。我们没有固定的流程，整个团队由我控制，团队成员只按照我的命令行事。大多数时候（有人告诉我），团队成员感觉就像生活在一个中东专制小国：小国的资源虽然丰富，但都由一个固执的独裁者（我）紧紧把持着，他根据自己的意愿，发出指令，分配资源。每一件事情都做得有声有色，至少表面上是这样。

营销部门正处于一个重要的十字路口。我们负责几十个不同的项目，其中一些项目在预算、时间和注意力方面相互竞争，迫切需要确定各项事务的轻重缓急。我不能称之为一场噩梦，因为这场混乱的起因是首席执行官对公司的业务不断高涨的信心。但是，一个部门里面同时存在7个小团体，人员规模扩充过快，我们缺乏实现成功的流程。

为了使整个部门趋于理性，出于一种崇高的目的，我的那位外聘助理提议，我们可以通过一款共享软件进行交流，在上面分享状态、更新情

[1] 约合3米。——编者注

况。他曾在几家大型企业工作，这些企业都拥有这种跨职能团队，所以，他非常支持这种工作体系。我和团队的其他成员都同意尝试一下，这样就可以将我们的最新状态集中到一起，从而更好地协调彼此交流时产生的所有信息，包括电子邮件、短信、驾车谈话、午餐快讯和即时消息。但是请不要将同意等同于承诺（现实生活中有太多深刻教训）。没有人真正想采用新的流程，我也是一样，虽然我们表面上都表示同意，但我们心里实际上是抗拒的。

我们在那款新软件上注册了账号，做了不同程度的努力，但就像所有过程或体系一样，团队成员怀疑其实领导自身也不够投入，于是大家纷纷选择放弃。事实上，我喜欢自由的工作方式，不需要正式的沟通流程。每当我有了主意时，我会喊道，“嗨，同事们，能过来简单开个会吗？”然后，我就向众人分享了自己无与伦比的智慧，并大致分配了一下任务（通常分配得都不太合理）。此情此景下，创造性是有了，但却乱作一团，这是我们的一种文化。然而，如果缺乏规范的流程，不能保证大家工作同步，共享准确一致的信息，这种文化就难以为继。

这是我个人的一种营销困局：我领导着一个30人的团队，采用的还是3人团队的管理方式。情怀依旧，但无济于事。实际上，我形成了一种思维定式，即我们不需要流程。我发现流程文件和报告具有限制性和单一性的特点，而且浪费时间；通过四处走动的方式，与团队成员进行沟通交流，是一种更好的选择。因为，作为领导者，我从来没有真正接受过新的数字通讯流程，只是口头上说说而已。软件共享的交流方式从一开始就注定要失败。这完全是我一个人的责任。回首过去（听起来可能有些自私），站在领导者的立场，这个提议的益处当时并没有说服我。益处更多地体现在广泛的团队层面，因此，我觉得这是对我个人风格的一个重大限制。我并不为此感到特别自豪，只是坦率地分享和承认我自身的困局。整个部门的成员都在调整他们的风格，来适应我的风格，虽然这可能是对我的一种恭维，但这可能已经成为一种标准的操作流程，专门为我的创造性风格服务，而这种风格在更大的团队中已无法持续。你可能会说，我变成了一个“毛球”，团队正在尽最大努力围绕我运转，但他们总是会被卷入其中。事实上，我不确定自己是否有足够的自我意识，能够意识到各种制度的必要性，一方面，它们可以保持更广泛的团队参与，另一方面，可以让我自己的创造性得到充分的发挥。

在一年之内，我选择辞去首席营销官的职位，因为我意识到团队的需求（其中的流程）已经超出了我的能力范围，或许这也没有什么可奇怪的。

最让我感到自豪的是，我承认了自身的不足，而且那个极力想要实施流程的新员工，目前在我的继任者的领导下也得到了更好的发展。顺便说一句，这位能力卓越的新员工在我离职后不到一年也离开了；所以，也许我的沟通方式或对制度的抵制并不是团队唯一的问题。

我给自己的定位过于偏向创造力。如果用量程为1—10的刻度尺来衡量，最左边是线性、程序或制度思维，最右边是创造力、口头表达或想象力，那么我对自我的刻度定位是7.4。当团队对你的贡献表示赞赏时，这可能是一项高超的技能；但如果你意识不到它对其他方面的冲击，也没有制定（或推行）一些制度，以保证团队工作的时效性，那么，这就成了一种障碍。

在反思本部门这一重要支点时，我才意识到我们的团队成员都很疲惫，他们渴望能够出台一些领导真正支持和遵循的流程。他们也喜欢创造和执行新计划的快感，其中许多计划也非常出色，让我们在竞争中脱颖而出。一番深思熟虑之后，我意识到，不能因为我对市场营销工作流程的采用和实施不感兴趣，就淡化或削弱我的身份。相反，我可以把决定权交给身边的同事，他们可以对部门工作进行更系统的思考和运作，这样，就能让一个不断成长的团队少一些混乱，多一些秩序。

在营销行业，创造力是一切工作的起点。领导者（尤其是营销行业的领导者）需要一种开放、透明和值得信赖的文化，在这种文化中，人们可以放心地谈论自身的困局和成功，这样才能实现蓬勃发展。对于整个团队来说，团队成员需要了解领导者偏向或远离制度和流程的原因，这种环境越安全，他们就越能在时机成熟时，更好地适应这些制度和流程。当一切都朝着正确的方向发展的时候，制定和采用流程就能利用团队释放出的得天独厚的创造力，这时每位团队成员都能意识到自己拥有知情权和决定权，并感受到尊重。就我个人情况而言，一个部门需要流程和制度，我不能对此视而不见。这是我职业生涯的一个转折点，对我以前的团队成员来说也是如此。现在，我惊叹于现有的制度和流程，它们改善了这群高素质专业人士的团队文化，提高了生产力和产出成果。鉴于我已经离开这个团队，这并不会让我感到尴尬或羞愧。我为自己让贤的决定和他们的能力感到自豪。在你的营销职业生涯中，可能也会遇到这样一个转折点。你将如何应对呢?

流程是至关重要的，作为一名父亲和丈夫，我与妻子共同管理一个忙碌的家庭，我开始更加重视流程。打个比方（没有性别歧视的意思）：当我兴致勃勃地“洗完”了四大堆衣服（即我把衣服放进洗衣机，然后又把它们放进烘干机）时，我的妻子带着3个顽皮捣蛋的儿子回到家里，看到篮子里塞满了4堆已经“洗净”且烘干的衣服，上面经常会挂着污渍，因为我在把衣服丢进洗衣机之前，没有检查衣服的口袋，而口袋里面有唇膏。她想了想说：“谢谢你，斯科特，但不需要你帮忙，你这是越帮越忙。”这是因为她有一个有效的洗衣流程，她始终坚持这样一个流程，而我则是一时冲动，不仅浪费许多唇膏，还毁掉了很多衣服。

破解营销困局，实现品牌成功：
制定流程，发挥创造性人才的作用

当需要你这个职业角色制定管理流程时，有3个明显的选择：

- 偏向于工作制度的实施（或迫使自己朝着这个方向发展），在其他团队成员面前，发挥模范带头作用。
- 招募或授权能够为团队其他成员起到模范带头作用的人。这就要求你给予自己管理层身份的支持和认同，同时掩饰自己对此缺乏热情的一面。
- 颠覆自我，换一个新角色、新公司甚至是新职业。如果在一个臃肿庞大的制度或流程上面，你的创造性灵感受到太多的束缚，那另外再找一个出口，这样你就不会讨厌自己的工作，也可以让团队成员不讨厌你。

要意识到这一点，企业里富有创造力的人经常会被流程束缚手脚。接受这一点，并通过与团队成员公开透明地讨论来承认这一点。表现出自己的弱点，表现出愿意承担任何由于缺乏系统或流程混乱造成的风险，并让其他人可以安全地提供建议、解决方案或变通办法，这样每个人都可以为团队带来最好的东西。通过在这方面发挥领导作用，其他问题也逐渐浮出水面，你的榜样作用增加了企业文化中的信任和透明度。

挑战13

并不是越多越好，更好才是王道

你是一个好高骛远的人吗？

不论在企业的部门、平台、岗位或贡献如何，每个人在其职业生涯中，都会面对这一挑战。在整个挑战过程中，希望你思考一下，在哪些方面，你可以将重点放在质量上，而不是数量上，以及如何让重新调整后的重点提升自己的品牌，带来更佳的营销成效。

我投身领导力培养和绩效提升行业近30年，许多鼓舞人心、妙趣横生的名言警句，我都能信手拈来，这是我的一个成功之处。然而，我的困局之一是对名言警句的滥用。本章挑战的名称就是一个很好的例子。我很喜欢这句话，在这里将不断提到这句话，没有别的原因，只是为了用它解决我自己的问题。

正如《高效能人士的七个习惯》一书的作者史蒂芬·柯维博士一样，他喜欢说这样一句话："只学不做等于没做，只知不做等于无知。"我知道这是一种睿智的选择，但自己总是做不到。"并不是越多越好，更好才是王道"这句格言在我脑海里，总是挥之不去。

虽然看似白费力气，但请让我再说一次，营销行业会吸引有创造力的右脑型人才。我知道这是一个粗略的归纳，但是，我认为这种现象并非偶然，我敢打赌大多数注册会计师都是左脑型线性思维，在他们看来，大多数问题都是非黑即白的。问一问能源巨头安然公司的投资者，他们认为"创造力"在会计和财务部门所起的作用有多大？为了支持我的推测，让我来现身说法：我处在一片灰色地带，各项事务没有明显的界限；各种繁文缛节和堆积如山的项目文书打乱了我的角色定位，也超出了我的能力范围。如果我的同事和朋友必须要用一个词来形容我，那就是"任劳任怨"。这并不总是一种恭维！

那些分散精力的诱惑一直都很强烈，丝毫没有减弱的迹象。下一周、下个月直至明年，在你生活的各个领域，无论是工作方面，还是个人生活方面，你面对的选择都不会减少，反而是会增多。Netflix公司明年的节目不会减少，你的领导也不会放弃对业务增长的追求。从各种选项中做出选择是一种日益增长的领导能力，我们每个人都需要培养并掌握这种能力。这意味着我们需要应对策略和手段，以确保我们具备专注和自律这两项重要的能力，而不是事后才考虑如何保持专注和自律。由于我们都很容易陷入精力分散的困局，因而，如果我们能意识到诱惑，就可以更好地抵制它，并设置好边界和规则；这样，我们就不会经常为之而心烦意乱。我这里有一个很好的例子：众所周知，我会告诉团队成员，开会时不要用太多的想法或无关紧要的意见来诱惑我，因为我是那种“给个杆儿就顺着往上爬”的人。即便是一个“将会让我们一夜暴富”的金点子，足以改变人生、行业竞争或行业格局，在你将它抛给我之前，也请三思而后行，因为我很有可能抵挡不住这个诱惑。不要为难你自己，不要用一些短期的想法诱惑我，从长远来看，对你也有好处。

小时候，我一看到新鲜事物，就很容易走神，以至于父母一度认为我有多动症，但是我并不能完全理解他们的判断依据，因为在代数课上走神并不等于有多动症。对于那些我不感兴趣的事情，我会感到厌倦，这种情况本身就没有必要去看医生。我周六可以连续打5小时的网球，或者一口气看完一本书，这又该怎么解释呢？另外，我这辈子什么时候用过代数？（如果你告诉我，每一次当我将纸团扔向房间另一边的垃圾桶，我都在无意识地用到代数，可能你是对的，但我对此还是没有什么感觉，因为我每次都扔不进去。看吧，我告诉过你，代数没什么用！）

让我们回到本章的“挑战”话题。思考以下几点。在1到10的范围内，圈出你的认同程度，其中，数字“1”表示“我无法理解这种愚蠢的表述，这本书我不看了，我要去读点儿有用的，比如托德·戴维斯（Todd Davis）、维多利亚·罗斯·奥尔森（Victoria Roos Olsson）和我合著的《领导团队6关键》[1]；数字“10”表示“斯科特，被你言中了——这说的就

[1] 中国青年出版社2022年5月出版。——编者注

是我！”。

我的生活很容易受到外界的干扰。在所有的技术工具、项目方案、责任义务和人际关系中，我无意间让自己在无数人和信息来源之间来回切换，总能收到各种消息、项目方案以及事情的最新进展。

1　2　3　4　5　6　7　8　9　10

我已经逐渐喜欢上了这种身兼数职的感觉，但细细想来，不得不承认，因为“贪心不足”，导致很多事情的结果都不太理想。

1　2　3　4　5　6　7　8　9　10

我本身就是一个好奇之人。我有各种各样（看似无穷无尽）的兴趣爱好，喜欢抓住一切机会培养它们，即便只是在一天当中的某个时间，偶有歇息的时间，也会利用起来。

1　2　3　4　5　6　7　8　9　10

在生活中，我也扮演很多角色。我在工作和家庭中都身兼数职。我是一名父亲/母亲，我还是哥哥/姐姐、叔叔/姑妈或项目经理……

1　2　3　4　5　6　7　8　9　10

我认识到，我每天都会下意识地接收数百条甚至数千条信息，而我似乎完全没有抵制它们的能力。

1　2　3　4　5　6　7　8　9　10

我需要更加明晰的职业方向和业务目标，以便让我免遭一连串轰炸式的信息干扰。

1　2　3　4　5　6　7　8　9　10

在我的生活中，我相信这样一句格言："要么自己有一个计划，要么成为别人计划的一部分。"

1　2　3　4　5　6　7　8　9　10

显然，这些问题并没有什么科学依据。但我敢打赌，如果你像我一样，在大量的选择面前苦苦挣扎，现实就是，你所做一切事情的质量和结果都会大打折扣。我想强调这一点：我们很容易将精力分散在那些看似很不错的机会上面，就像考试一样，这样会导致我们全部学科（共7门）的成绩都滑落到"C"，而不是可以保证其中3门可以得"A"。当今世界，竞争异常激烈，无论你扮演怎样的角色或从事什么行业，对高质量结果的重视程度都达到了空前的高度。因此要谨慎行事，深谋远虑，以更少的成本提供更好的服务。

这在市场营销中更是如此，因为事实上，在人们看来，选择的可能性无处不在。在人力资源部或法务部的工作人员就很少会这样说。我还可以举更多的例子，但你应该已经明白了。在我们的生活中，"更多"这个诱人的概念无处不在，正如我之前提到的，它并没有减少的迹象。在我的第一本书《从管理混乱到领导成功：30个领导力挑战，成为你想追随的领导者》中，我分享了自己经常会想到的另一条格言：你永远不会感到满足，除非你能确定多少才算满足。我认为自己总是得不到满足，所以才在本章节探讨这个话题。

在营销职业生涯中，我多次陷入困局，令我懊悔不已，其中之一就是，我总是会不知疲倦地承担太多的事情。我要处理的事情实在是太多太多了。

在我的整个职业生涯中，人们都很惊讶于我的这种“能力”。好吧，如果你愿意把工作当作生活，疲于应付各种人际关系，兑现你最近的承诺，那么你也可以赢得这枚“能力”勋章。（我会有一个请求，在为我举行葬礼的教堂长椅上，预留出一个位置，以便放置我的“能力”勋章。它们可能会占据一个人的位置，或者很多人的位置，这着实令人感到可悲。事实上，安全起见，最好清空整个过道。）

无论你是从事营销、销售、产品开发还是其他工作，这都给你敲响了警钟。并不是越多越好，更好才是王道。这貌似不合常理，但是如果你是房地产经纪人，房源越多并不总是越好。如果你从事销售工作，在你的销售业绩目标中，6位数的业绩良机越多也不总是越好。如果你是一个创业新秀，副业越多不总是意味着越好。伴侣当然也不是越多越好。

你如何避免这种营销困局？集中注意力。花些时间，最好远离办公室、团队、家庭和生活的压力，想一想你将做出怎样的贡献，能给后人留下些什么？你要对什么事情说“好”？同样重要的是，你要（以非凡的勇气）对什么事情说“不”？坦诚来讲，我在这方面做得还不够。和你一样，我在生活中扮演着许多角色，如父亲、丈夫、儿子、兄弟、叔叔、姐夫、朋友、邻居、教练、作家、主管、部门领导、撰稿人、志愿者、播客主持人、专栏作家、教会老师……，也因此要承担许多令人抓狂的义务，压得人喘不过气来。角色越多，我觉得自己越有价值。但我想知道自己为什么会有这样的心理？我的生活中缺少了什么，才让我觉得需要承担这么多义务？为什么我这么没有安全感？为什么我觉得要无休止地取悦我的领导，甚至我愿意大包大揽，导致工作量过大，给团队带来巨大压力，而且我永远也不会拒绝？这真的有助于提升我的自尊、自信或自我价值吗？坦白来说，我并不确定。

最好在60天内关闭你的产品页面，得到一流的推荐机会，而不是同时挂出12个产品页面，大部分都没什么用处，仅仅只是把产品晾在平台上，因为你筹划、推广和展示商品的效果都会大打折扣。我明白“量大”的好处，对此也有一定的需求，尤其是当你处在销售岗位（我职业生涯的前10年）时，就更看重“量”了，但如果能对“量”进行优先级排序，我们都可以从中受益。

在《从管理混乱到领导成功：30个领导力挑战，成为你想追随的领导者》一书中，我特别容易产生职业生涯挫败感和不安全感。我想写一本不同类型的探讨领导力的书，每一章都不是成功的故事，可以让人产生共鸣（在本书的30个挑战中，我认为自己能成功应对的可能只有3个）。

这本书的内容非常真实，我分享了自己的几十个经历，要么过度投入，不能完成任务交付，要么由于我不能集中精力，分不清事情的轻重缓急或无法拒绝一些方案，导致我的工作质量大打折扣；我对各种方案都来者不拒，只是为了满足自己的虚荣心、取悦领导或是发挥自己的创造力。我参加过200多期广播和播客节目的访谈，每一期访谈的开场，几乎都会重点表现采访者的惊讶（或备受鼓舞）之情，竟然有人会真心实意地发出邀请，让别人近距离地窥探其职业生涯的真实一面?

我的回答通常是，“我认为我和其他经理或领导没有什么不同，我也只是刚刚认识到脆弱性和‘承认自身困局’的影响力。”我对“量”的过分执着影响了我对“质”的不懈追求，这是我最明显的营销困局之一。在挑战30“设定并提升品质标准”中，你会看到我对“质”是多么地着迷。这是我整个职业生涯中的习惯和标志。然而，由于我也同样热衷于“量”，导致我精疲力竭，生活也出现了巨大的不平衡，由我领导且与我并肩工作的团队经常会无限度地超负荷工作，这些不良影响显然会导致“质”的下降。就好比我去参加奥运会，我几乎每次都能登上领奖台，但我却经常听不到国歌响起，因为我得了一堆铜牌和银牌；其实，很多项目我本可以拿金牌的。请说出历史上第二位获奖最多的游泳运动员的名字。是的，你说不出来。我真希望自己能早点把这句至理名言铭记于心：并不是越多越好，更好才是王道。

我敢打赌，你们中的大多数人都和我一样容易分心，当然不一定非得是为代数辩护。当你放下这本书时，会发生这种情况：你会收到一大堆来路不明、暗藏玄机且指向性极强的信息，它们的目的是“劫持”你每一刻的注意力，只要你醒着，就逃不掉。如果你现在认识到这是一种糟糕的情况，就打起精神来面对它。

查看你所有的营销计划，优先选择那些回报率最高的，鼓起勇气对其余的说“不”，从而破解这种营销困局。

破解营销困局，实现品牌成功：
并不是越多越好，更好才是王道

- 针对所有需要你关注的事项，列一个清单。
  - 根据事项的重要性，将其分为A、B、C三个等级。
  - 圈出两个或三个可以消除的事项，对因消除它们而带来的影响选择忽略不计，这样，你就可以腾出时间和精力，关注更重要的事项。
  - 在下周设定一个目标，抵制B等级和C等级事项的诱惑（这样，可以保证A等级事项的执行情况）。

- 对那些看似不错实则无关紧要的事项说“不”。
  - 为了让自己更好地关注“质”而非“量”，你会做些什么？考虑寻求同事、导师甚至领导的帮助，以确定你的时间的最佳利用。
  - 在某些文化中，这似乎有些不太现实，但我们每个人都有盲点；有时候，你可以与值得信任的同事或领导分享自己对工作、优先级和领导方式的见解，他们会对你的工作效率和声誉产生重大影响。
- 如果你习惯于对每件事都说“好”，那就从小事开始对自己说“不”。
  - 不，在这份报告完成之前，我不会查看电子邮件或短信。

挑战14

愿意转变自身观念

你是否太顾及自己的面子，

不愿意当众改变自己的观念？

我们都曾遇到过这样的营销主管：他们非常渴望被人爱戴（或者不敢提出自己的主张或观点），根本就没有坚定的立场。这让我想起了一个与营销角色特别相关的概念，因为所有的“投入”都会汇总到我们这里（落到我们头上）。这里说的“投入”是指建议、见解、意见、评论、批评、攻击、反馈、数据、分析、A/B测试结果等——无论如何粉饰，都无法掩盖营销工作无休无止的工作状态。所以，我应对这一挑战的至理名言是“要有坚定的立场，否则你会全盘皆输”。

我们也要向这位营销主管的另一面性格汇报（有时候同一个领导一天当中也会进行双重性格的切换），有时面对独断专行、固执己见的领导，即便是拿出最有说服力的数据或“行不通”的实时证据摆在他们面前，这些领导也会一意孤行，自行其是。他们不会进行反思和对话，考虑第三种选择，反而会变本加厉。究其原因，通常是因为其脆弱的性格。有时候这种“变本加厉”确实有效，可以问一问迪士尼执行总裁鲍勃·艾格（Bob Iger），在迪士尼当初收购皮克斯影业时，董事会的反对态度有多么的强烈。在《一生的旅程》这本自传中，鲍勃描述了将皮克斯影业纳入迪士尼大家庭的艰辛之路。如果他对皮克斯影业的战略价值缺乏信心，也没能顶住董事会反对的压力，他们就可能会失去皮克斯，而迪士尼也将会是一个完全不同的公司（肯定不如现在），成为不了当今世界媒体巨头。

然后，还有另一种类型的营销领导者（我们中的一些人就可能是这样），他们只是认同最后一个交谈者的观点。他们会见了每一位团队成员，每个人都以不同程度的说服力、自信心、感召力……表达了自己的立场，说明了实施情况。坦率来说，这会让领导者疲惫不堪，以至于他们认为最后听到的营销方案是最可行的。这位领导者的态度有所缓和，宣布采用最后的解决方案（让那些先前行动的人懊恼不已）。

在忙碌的营销工作中，各种意见纷至沓来，来也匆匆，去也匆匆，这可能是一种危险的领导特质。

到目前为止，你们知道我比较喜欢讲一些不错的推论，在这里也举一个例子：美国总统最重要的角色就是组建本届政府的内阁。除了在其自身庞大的机构内担负领导责任外，这些男女内阁成员还要担任顾问，在更广泛的行政问题上给出他们的意见，至少人们希望如此。读几本总统传记，或者看一看新闻，你就会发现群体思维和两极分化的观念是如此的根深蒂固，它们会导致政策失误、引咎辞职、僵持局面，甚至更糟的是引发战争。许多美国总统在选择政治立场时，都会咨询一位特别有说服力或号召力的顾问，接受其建议或受其胁迫，这些总统最终都会后悔当初的决定。

在决策风格方面，富兰克林柯维公司的董事长办公室就与白宫总统办公室有很大不同。董事长执行团队的成员具有不同的职能角色，我们需要就一些重大事项提出建议和意见，这些重大事项可能会影响收购、扩张计划、产品开发以及牵扯到各方面的人事问题。随着我在团队中工作的时间越来越长，我也越来越认真地对待这个职位，并试着说服自己，少说多听，因为据我了解，我们这个级别探讨的大多数问题是如此的复杂。

作为一名自信满满、行事果断且深思熟虑的领导者，我被晋升为业务发展执行副总裁和首席营销官。我怀疑正是这些特质帮助我获得了这个职位，但随着探讨的话题变得越来越重要，影响也越来越大，我发现自己一反常态地变得不那么果断了，而是明显有了更多的顾虑。我经常与高管团队一起开会，一开就是3个小时，倾听其他才华横溢、经验丰富的同事对问题进行深入的讨论和分析，听完之后，我的立场会从一个极端转向另一个极端。但也并不总是这样，因为有时我会更加坚持自己的观点，努力争取让别人同意我的观点。无论如何，我们的目标是找到最好的决策方案，而不是验证已经存在的决策方案。

现在回想起来，我不知道自己是否一直都能很好地辅佐这位首席执行官。因为，和所有人一样，我明显也有自己的提议（有些比较隐晦，有些则比较鲜明），我想通过说服别人获得认可。在《从管理混乱到领导成功：

30个领导力挑战，成为你想追随的领导者》一书中，我分享了公司的首席执行官给予我的最有价值的反馈（这些年来，我收到了许多反馈意见）；有一天，在一次团队会议后，他私下对我说："斯科特，你的表态性发言太多了。"这句话让我百思不得其解，但也并未对我固执己见的毛病起到任何作用，但现在，我的所思所想并不总是等同于我所言所行。以前，我的所思所想与所言所行的比例是1∶1（即想到什么就会说什么），而现在这一比例更有可能是10∶1（即有10个想法，我只会说一个）。

想到什么就说什么（或者表态性发言太多），会让你付出一定的代价，让你更加固执己见，导致你在公开表明自己的观点时，更难转变观念。我有一位非常有才华的同事，他的沟通风格与我的"表态性发言"相比，有过之而无不及，或许可以称之为"感叹性发言"。这个人说的每句话都是"真理"，由于只是单方（甚至可以称之为"上帝视角"）表态，他最终会收回80%脱口而出的话。当更多的事实浮出水面，就会促进讨论进程；或许那时，这种人就会被逼得走投无路，意识到自己有多么的卑微，最终，他们会彻底改变自身立场或做出让步，但这样做的后果就是他们的信誉不断受损。我很肯定，每个人都认识（或将要认识）这样的人。或者更糟的是，你可能刚刚在前面的描述中看到了自己的影子，这就意味着你需要立马改变自己的风格。

我将这一建议应用到了自己的营销生涯中，主要是随着年龄的增长，我发现有必要平衡以下两方面：一边是自己的直觉和经验，另一边是那些在该领域或多或少都有些关系的人的想法和背景。

我对客户、用户和买家根深蒂固的观念每天都会受到质疑。事实上，我对客户的了解并不像我自己认为的那样深入。我喜欢的营销方式对别人而言，可能没有任何意义，因为我们选用同一种产品的原因（即基于场景的营销）可能是完全不同的。

这里不得不讲一段小插曲：我在教堂里给九年级的学生（14—15岁）

上课，发现这些学生都没有读过纸质报纸，也没有翻阅过纸质杂志。写到这里时，我的公文包里放了一份报纸和一份杂志（他们也会惊讶，我竟然还使用公文包），明天我也会去再买几份杂志和报纸，一定！但对我的学生，就像对我们的客户一样，我们的偏好和观点绝不可能雷同。

因此，我们越沉迷于自己的观念模式、信仰体系和固有思维（即我们看待自己和世界的方式），我们就越容易陷入营销困局之中。我们越是在口头上肯定这种思维模式，就越难进行自我反省，适应新的现实。别告诉我，你从未为了挽回面子而口头表达过自己的立场。我们都这样做过，我们应该意识到并消除这种行为。

记住，在营销中，就像在生活中一样，自信和傲慢之间只有一线之隔。你可以用《哈佛商业评论》（*Harvard Business Review*）的整个版面，讲述首席执行官们不顾董事会的反对，未经其允许，走上了一条截然不同的（激进的）道路，为股东和客户带来了巨大的成功。可能许多书都装满好勇斗狠的领导者的故事，他们被自己的狂妄自大蒙蔽了双眼，把整个企业搞得一团糟。在二人合著的《你要如何衡量你的人生》一书中，克莱顿·克里斯坦森（Clayton Christensen）和凯伦·迪伦（Karen Dillon）表示，在所有最终取得“财务成功”的公司中，有93%的公司不得不放弃原来的战略（因为行不通了），转而寻求一条日渐清晰的新路子。他们称之为深思熟虑的战略和灵光乍现的战略之间的区别。

或者更通俗一点来说，我们可以称之为“愿意转变自身观念”。在取得“财务成功”的公司中，93%的公司采用了与最初完全不同的战略（可能最初的战略是首席执行官或创始人比较推崇的，因为这是他们自己的想法）。这表明各个层级的领导都需要在精神上和情感上具备应对变化的能力，即敏捷性。

请思考以下问题：

- 看一看你最近的胜负记录。有多少次胜利得益于你的想法？这跟谁的想法有关系吗？在什么情况下，你的自尊心（或放弃失败的计划所带来的潜在尴尬）会促使你过度维护或延长一个项目或者投资？你是否过于固执己见，盲目自信，相信自己的想法一定会成功，宁愿将错误进行到底，或者为其“尚未”奏效而找各种各样的借口？

- 在相关领域或客户方面，你有什么反馈机制，确保自己了解活动和信息的效果符合自己的预期？
- 你是否经常寻找证据或解释数据，来证实自己的想法，并捍卫这样一种自欺欺人的观念：当你从这个有利的角度来看待它们时，它们实际上是有效的。如果你对一个问题挖得太深，这本身就是一个值得注意的信号。当你可能需要向灵光乍现的战略靠近时，你会试图坚持深思熟虑的策略，这个时候，你是否意识到确认偏误在自己的决定中所起的作用。相反，当持续早期有证据表明某一种营销策略很有可能会成功时，你是否愿意“押上自己所有的赌注”，并因此而选择停掉其他活动，以确保这一战略获得充足的资金和关注？

营销通常需要勇气。闭门造车，不理睬异样的观点和事实数据，这并不需要什么勇气。相反，要有勇气多听少说，多提疑问，少下结论。能力卓越的营销领导者知道什么时候自愿认输，改变原先的策略（或者听取他人的建议），或者在有证据支持的情况下全力以赴。

最近，在富兰克林柯维公司的《与斯科特·米勒共话领导力》节目中，我有幸采访了惠普公司前首席执行官、美国参议院议员和总统候选人卡莉·菲奥莉娜（Carly Fiorina）。她分享了一个特别令人心酸的故事，那是她2016年代表美国共和党参选总统初选的一件往事。她在爱荷华州和新罕布什尔州的初选中表现特别糟糕，之后，她的竞选小团队回到家中整顿和反思。第二天清晨，卡莉家的大门响起了一阵敲门声：她知道门外是她的竞选经理弗兰克·萨德勒，来通知她是时候退出竞选了。当卡莉打开门时，弗兰克惊讶地发现，她不仅梳好了头发，还化了妆，脸上带着笑容，状态也很不错的样子。她郑重其事地说："弗兰克，我想我们该退出了。"

卡莉分享这个故事的目的并不是为了夸大自我。相反，她是想以此表明，强大的领导者必须是敏捷的思考者，有强大的能力及时做出改变，从逆境中恢复过来，或许更重要的是，为团队中的每一个成员创造安全的环境，让他们也能如此。下次当你需要改变主意，或者当有人对你投入巨资的营销计划提出挑战，你需要听取别人意见时，可以借鉴一下卡莉的做法。卡莉可能比她的竞选经理棋胜一招，但弗兰克也毫不逊色，因为他愿意对自己（可能成为美国总统的）领导直言不讳。作为共和党唯一一位女性候选人，几个月以来，卡莉奔波全美各地数月，参加一系列全美电视辩论，如果卡莉经历此番艰辛之后，还可以毅然放弃竞选总统的机会，你当然也可以对那个让自己深陷其中的营销计划提出质疑。

破解营销困局，实现品牌成功：
愿意转变自身观念

- 想一想，你最近一次在营销活动中公开改变自身立场的情况：对此起主导作用的是谁？你自己是怎样一种投入的状态？
  - 你有多么固执己见？
  - 或许你的困局不是过分固执，而是摇摆不定？"要有坚定的立场，否则你会全盘皆输。"或者，小不忍则乱大谋，在一件事情上站不住脚，那么你做任何事都会失败。

- 建立或检查你的决策体系。
    - 你依据什么做出决定？是否仅凭自己的直觉？（如果是这样，那就不太妙了。）
    - 你是否有一个指导营销投资的流程，你会优先考虑什么，你会拒绝什么？
    - 要认识到经验和直觉也很重要，但它们并不是你决策体系中仅有的两个选择。
- 考虑建立一个可以帮助你制定决策标准的管理团队、顾问委员会或其他类似的团队。
- 不要以自我为中心，要愿意在必要的时候改变自己的立场。
    - 在向你的团队和其他利益相关者征求问题或意见时，跟他们解释，你的立场为什么会发生变化。
    - 设定一个标准，表明你的声誉不是建立在观点正确的基础之上，而是基于对业务增长抱有一种理性和开放的态度。
    - 学会在自以为是和优柔寡断之间找到微妙的平衡（我通常会这样定义领导力）。

挑战15

与竞争对手为友

你认为竞争是“你死我活”，
还是“双赢”？

曾几何时，通过发现竞争对手的弱点并加以利用，让自己在竞争中脱颖而出，被视为一种营销和销售的能力。与潜在客户会面，让他们了解你的竞争对手的一切缺陷及其危害，这是你工作的一部分。在许多行业，这是一种价值定位：把你的竞争对手贬低得一文不值。这是多么可悲的事情啊！这是一种懒惰思维，不是吸引客户的卖点。

恶语相向、诋毁竞争对手的日子已经一去不复返了。客户也变得更加精明，会考量其间所有人的利益。信息的民主化赋予了买家更多的权力，大部分买家都在网上详细研究过你的产品或服务。顾客评价平台Power Reviews在2019年的调查研究显示，97%的消费者在购买商品前会查阅商品评价（85%的消费者会看负面评价），而33%以上的实体店消费者在看完评价后才会付款购买。

"成为客户信赖的顾问"这个概念在许多销售部门都很盛行，但据我所知，在营销部门，尚未蔚然成风。许多营销团队都不直接与客户打交道，我们的市场信息大部分都是从销售同事那里获得的。

要想破解营销的困局，我们需要更多的思考。这一点非常重要，我在《从管理混乱到领导成功：30个领导力挑战，成为你想追随的领导者》一书中也提到了这一点。作为一名营销从业人士，当我以富足心态来思考时，我会承担一些风险，也能经常获得一些回报。我最引以为豪的一项成功是，我们不再循规蹈矩，将竞争对手视为敌人，而是主动向其伸出了友谊之手。对你们中的一些人来说，"与竞争对手为友"可能听起来有些盲目乐观，但我认为这是一项基本的商业领导原则，只不过这一原则很少在营销或大多数业务部门中得到落实。

玛丽·麦克切斯尼（Mary McChesney）是我的一位竞争对手，更重要的是，她也是我的朋友。在介绍她之前，我先来说一说当时的背景。作为众多产业孵化基地，犹他州久负盛名。从盐湖城到普罗沃50英里的地方，驱车行驶在I-15公路上，你会惊讶地发现有那么多大型直销组织（其正式名称为“多层次直销组织”或“直销组织”，英文简写为MLM）的总部设在这里，通常都还配有制造工厂。如新集团（NuSkin）、优一客（Younique）、多特瑞（dōTERRA）、优莎娜（USANA）、悠乐芳（Young Living）以及其他无数知名公司都在此崛起。虽然我不在直销行业，但我认识的很多该行业的人都取得了成功（我怀疑在这个成功过程中，他们会失去一些朋友和家人）。想让你的岳母或者婆婆对你退避三舍吗？加入一家精油或营养品公司吧，连续3个月每天都跟她谈论你们的产品。

犹他州也是领导力发展和绩效提升公司的强大启动平台。这里像是一个人才孵化器，聚集了来自世界各地的顶尖人才，他们在这里实现了个人和专业方面的发展。富兰克林柯维公司在这里成立，这里还有洞察发展（InsideOut Development）培训公司、阿宾杰研究院（Arbinger Institute）、领导力伙伴（Partners in Leadership）、智慧学习（Acumen Learning）以及几十家新兴的小型公司。活力睿智训练中心（VitalSmarts）是我非常喜欢的一家公司，它也是富兰克林柯维公司的主要竞争对手，风靡一时的畅销书《关键对话》就出自该公司。我强烈推荐这本书，虽然我没有参加过他们的培训，但我们有共同的客户，客户们都非常喜欢活力睿智训练中心的解决方案。我曾经参加过他们的一场会议，他们营造的高品质体验以及为客户的成功所付出的巨大努力给我留下了深刻的印象。

下面来介绍一下玛丽。

玛丽·麦克切斯尼担任活力睿智训练中心的营销副总裁，与我在富兰克林柯维公司的职位相当。尽管活力睿智是一家私营企业，规模也比我们小得多，但他们会与我们争夺现有和潜在客户。简单地说，他们是我们的主要竞争对手。如果他们的解决方案与我们客户的问题完全匹配，我也非常乐意向客户推荐他们。

大约5年前，我会见了我们公司在北加州的一些高级销售人员，听取他们在业务发展、定位、信息和营销方面的需求。午餐时，我们的话题转向了自己公司的品牌，以及其在高科技硅谷地区的受欢迎程度。他们告诉我，这些发展迅猛的科技公司非常重视我们公司，认为我们提供的服务很有价值，但感觉我们的品牌“过时”了，因为在他们看来，我们的工作流程仍然主要依赖纸质版印刷的东西。实际上，这是一种错误的看法，因为在线上、线上和线下融合以及自主学习（也称自定进度学习）方面，我们均处于行业领先地位；但由于某种原因，高科技行业没有意识到这一点。就我个人而言，我将其归咎于营销部门。当时是哪个“小丑”在管理这个部门？

有一次开会时，一名销售人员告诉我，“活力睿智训练中心已经用上了非常先进的科技手段，他们的数字解决方案深受年轻用户的喜爱，我们需要做点什么迎头赶上。”

实际上，在过去10年里，很大一部分时间，我们一直都在为之努力，在尖端技术领域投资数百万美元，然而收效甚微，在该市场领域，还是不能很好地展示我们的服务和数字应用能力。于是，我们开始打造一种魅力攻势，向这些高科技公司（大多数都不是当前的客户）展示我们的方式是多么的灵活，同时也让他们看到我们（无论在当时还是现在）一系列独一无二的知识产权。此外，我还考虑，如果一切东西都坐享别人的劳动成果，首席营销官会羞愧难当的，他又将如何应对这种局面呢？我花时间更深入地了解竞争对手的能力和市场策略，抵制“将竞争对手视为敌人”的诱惑。显然，我能够意识到这种思维诱惑，但是，如果你是某个行业的主导者，就像富兰克林柯维公司一样，你的傲慢会让你措手不及。所以，在更好地理解了对方公司的价值定位之后，我给他们的首席营销负责人发了一封电子邮件。

在此之前，我与玛丽素不相识。我也没有见过她，我们在领英上也近乎没有联系，所以我的这封邮件只是自己的一厢情愿。诚然，这是一次冒险之举。我邀请她共进午餐。哦，简直太可怕了！这还没完！或许首席学习官或首席人力资源官可以无须顾及对自身的形象造成影响，但首席营销官不行。产品开发、市场营销和销售策略是要绝对保密的。言多必失，这是营销行业的特点。

我很高兴自己没有受限于这种思想，我只是单纯地想见一见那个“痛扁”我的人，向她求教一番。值得称赞的是，玛丽对我的邀约做出了回应（后来她告诉我，她就与我会面这个事情，向活力睿智训练中心的首席执行官咨询了意见）。我们一起吃了午饭，刚开始都有点戒备，商讨了我们的共同意图，设定了一些界限，然后就开始轻松地交谈起来。首次会面之后，我们的会面变成了定期的午餐聚会，延续了5年多时间。在此期间，我们会分享彼此的得失成败。

我们两人都忠于各自的雇主，悄悄地订阅了对方公司的新闻信件，也会去看对方的网络广播，等等。我们很快意识到，在不违反各自受委托责任（尤其是我的上市公司高管身份）的情况下，我们可以从彼此身上学到很多东西。玛丽会询问我，如何提高他们公司邮件的行动号召力；我也会打电话，咨询他们公司对营销自动化系统的选择标准。如果我们公司有人要跳槽，应聘他们公司的职位，或者他们公司有人应聘我们公司的职位，我们会互通电话，秘密地审查申请人（但从不和其他人讨论这个事情）。很快，我们邀请各自的同事加入我们的午餐聚会，在团队有困难时互帮互助。

我真的开始欣赏和喜欢玛丽了。我们两人都没有越界，也没有想方设法哄骗对方透露敏感或专利信息。

有时，我们会简单地说“此事不宜讨论，请就此打住”，然后就岔开话题。我们从来没有进行过私下交流，但是值得一提的是，在这种统合综效的过程中，玛丽邀请我带着妻子和儿子去她家做客，和她的孩子一起参加节日饼干装饰派对。我感到非常荣幸，真的特别感动。

因为和玛丽的这种交流，富兰克林柯维公司的优势更明显了。我们团队和我从她那里获得的很多不错的见解，提升了我们的工作效率，让我们取得了进步。多亏了玛丽自己辛苦总结的审查流程，我才没有在选择营销自动化供应商时栽大跟头，我非常感激她在这个问题上给我的指导。

后来富兰克林柯维公司和我本人都在硅谷实现了巨大的成功，我与玛丽的会面直接提升了我们的战略竞争力。在我向她学习的基础上，我们创办了一个时长为两小时的邀请活动，邀请对象仅限于高管。我们将目标定位于50多家科技公司，我们以最具行业相关性、进步性和真实性的方式，向其展示我们公司世界一流的专业能力。

这种方式非常成功，共有200多名高管参加过我们的午餐聚会。从那次经历中，我们针对潜在客户，建立了一种营销活动模式，在美国40个城市进行了推广。截至目前，已经有超过7000名潜在客户参加了我们的“文化——你的终极竞争优势”活动。这些合作机会让我们在许多未来客户面前改变了品牌形象，帮助我破解了营销困局，实现了品牌成功。

在我决定写这本书时，我初步列出了营销人士面临的40个挑战，并打电话给玛丽（和其他人）对其进行审查。玛丽提出了几个很有价值的话题。我已经把它们囊括在本书确定的30个挑战中，并邀请她也写下自己的经历。她同意了，写了下面的话：

> 5年前，我出乎意料地收到了斯科特的邀请，出于好奇，我答应与他共进午餐。斯科特是竞品公司的顶级竞争对手，职位与我相当，我肯定可以从他那里学到一些东西。我们就这样一拍即合！
>
> 为了第一次的顺利会晤，他优雅地接受了我对会面地点的建议（尽管后来随着对他的了解逐渐加深，我知道他自己永远不会选择去那家餐厅）；他驱车一个多小时前来赴约，问了一些睿智的问题，看似非常真诚地想让我感知到这次会面的价值，最后单也是他买的。对我第一次尝试“与竞争对手为友”来说，还不错，对吧？
>
> 我们的午餐谈话带来了一个有趣的现象：我跟别人说，自己

与富兰克林柯维公司的首席营销官共进午餐，这在活力睿智训练中心的内部引发了议论。有些人满脸疑惑，问道："等等，你竟然向他示好？"有些人则出其意料地表现出兴奋，认为这是一个机会，说道："那下次你和斯科特交谈时，问问他关于什么什么的事情，然后告诉我他怎么说的！"

最有趣的反应来自活力睿智训练中心的一些新员工，他们最近刚从科技行业跳槽到活力睿智。他们一脸惊讶。"玛丽，科技行业的人可从来不会那样做！这种做法前所未闻。"我向他们保证一切良好，任何商业机密都不会从犹他州西谷一家酒吧的某个黑暗角落里传出。

我与斯科特共进午餐的一个主要收获是我可以以一种开放、诚实、有益且非常有趣的方式与竞争对手成为朋友。事实证明，当你和一个同行（你们在同一个行业的同一个岗位，每天做着同样的事情）坐在一起时，你们永远都不会缺少有趣的话题。这听起来可能有点儿迂腐，但是跟一个志同道合的人坐而论"道"，谈论市场营销方面的事情，会让你感受到专业的力量。

我从这段友谊中获得的视角弥足珍贵，即使只是从别人的角度重新审视我的工作。如果我的一个想法被否决了，我会经常询问斯科特的意见，问一问他们公司是否遇到过类似的情况。每当我遇到不知如何应对的情况，他都会慷慨地分享自己相关的认知和经验。他经常对我们正在做的事情给予肯定，为我加油打气，鼓励我继续前行。

活力睿智训练中心和富兰克林柯维作为竞争对手，每天都在争夺潜在客户和市场份额，我们彼此并不陌生。然而，我也相信在过去的几年时间里，我们已经厚植了一份合作的友谊，让双方公司都能从中获益匪浅。我想这就是斯科特所谓的"双赢"吧！

破解营销困局，实现品牌成功：
与竞争对手为友

- 观察你的行业竞争对手，列出一份与你职位相当或更高职位的人员名单。
  - 依靠自己的专业水准，考虑通过领英等职场社交平台与他们取得联系，并开始订阅与其相关的帖子和博文。
  - 确定那个可能值得进一步联系的人。
- 如果在你的行业，与外部人员联系是一种非常规的操作，可以事先与你的上司或老板商讨这种可能性。
  - 表明你的意图，即你只是想与业内其他人士建立联系并相互学习。每个组织都有其独特的文化，对竞争也会持有不同的观点，所以要洞察秋毫，做出明智的判断。
  - 如果获得批准，就大胆地通过在职场社交平台上获得的联系方式，如电子邮件、电话等联系那些有希望达成双赢的竞争对手。
- 无论是否存在业内竞争，都要与同行建立互惠互利的关系。
  - 或许你在制药行业担任营销总监，但如果你能结交在酒店或食品服务行业担任相当职位的人，你也会受益匪浅。
  - 确定自己所在岗位需要培养专业技能的领域，找到那些可能对你最有利的同行，并认识到这一点：不论与别人建立怎样的关系，你也需要为对方增值。

挑战16

永远不要忘记你有两个买家

你是否只关注外部买家，而低估了内部买家的影响力？

我曾见过无数市场领导者因为忽视这一原则而栽跟头。在他们看来，让外部客户满意是唯一重要的事情。坦诚来讲，这种心态很正常，也可以理解，毕竟外部客户才会花钱买我们的东西。但在营销这样一个人人皆有观点的领域，忽视自己的内部支持者，肯定会让你陷入困局，断送你的职业生涯；但是，如果你保持高度警惕，听取多个利益相关者的意见，就很容易避免这种困局。

无论你的营销工作是支持300名销售人员，还是你在一家小公司单枪匹马地工作，只向老板一人汇报，“永远不要忘记你有两个买家”这个原则都是成立的。你永远都有两个买家：内部买家和外部买家。乍一看，这种区分似乎很荒谬，但这两种买家是截然不同的，具体表现在买家画像、需求、关注范围以及表达支持或反对意见的方式等方面。本章挑战关注的是前者，那个经常被市场营销忽略或完全忘记的买家，即内部买家。

内部买家是指对你所做事情可以“品头论足”的人，包括很多人，如果把名字都列出来，将会是很长的一个名单，你可能会当场放弃。还是那句话：欢迎来到营销的世界。对于会计的季度结算流程或产品开发的质量保证（Q/A）测试顺序，没有人会真的提出什么意见，这种情况很合理（也同样令人沮丧）。大多数人也不关心你的企业资源计划（ERP）服务供应商是思爱普（SAP）还是甲骨文（Oracle）。但值得重复的一点是，每个人对市场营销都能说点儿什么。最好现在就承认这一点，并建立你的魅力攻势，而不是表现出一脸天真的样子，好像从来都没听说过一样。

我建议你花点儿时间，列出你的营销工作实际面向的组织内部的“买家”（可以按姓名列出）。这并不意味着他们真的需要掏钱，但他们有其他方面的价值（或影响力）。考虑下述组织内部人员：

- 可以单方面否决你的想法或活动的位高权重之人。
- 没有正式权威但在文化上有影响力、能够叫停你的活动的人。
- 其收入与你工作的成功有直接关系的销售人员或领导（当然要包

括实现其月度、季度或年度销售目标）。

- 那些审核或批准你的战略预算的初级财务助理，或者更糟的是，他们会私下与其领导一起剖析预算，然后以闪电般的速度成为决定你成败的最有权势的人。我在这里说的“有权势的”的真正意思是“令人厌恶的”。

花点儿时间，在下面列出你的内部买家。我希望你能在字里行间、书页的折角处写点儿东西，或者草草记上几笔，这样这本书就真的成为你的专属（电子书读者只需使用“笔记”功能）。请使用下面这个量表（1=低，10=高）：

我的潜在内部买家

（不要与“我喜欢与不喜欢的同事”混为一谈）

姓名	职务	正式或非正式影响（1—10）	他们与我的关系状况（1—10）	我需要邀请他们参加这个过程，还是通过这个过程吸引他们？（1—10）

上文的量表你填写了吗？还是直接跳到了这里？如果你是直接跳到了这里，我强烈建议你回去填写一下（除非这本书是你从图书馆借来的，那你可以将表格复印一份，稍后再填写）。

现在完成了吧？很好。我知道在实际工作中营销团队所处的环境极其复杂，填写表格不过只是管中窥豹，但其实对你是十分重要的，能够让你意识到有声表达和无声沉默的力量；这样，你就可以决定是否以及如何解决这些问题。请注意，你很容易沉迷于应对自己遇到的各种复杂局面，但永远不可能在这方面取得成功，或者永远实现不了你之前在营销活动方面设定的财务业绩目标。当你努力在这二者之间寻求一种平衡时，不要忘记你的第二个买家。当你越来越熟悉本书分享的两个概念（第一个是“笨蛋，客户才是重点！”，第二个是“如何绕着大毛球飞行”）时，你将获得找到这种平衡的视角和洞察力。

在我的营销职业生涯中，我得到的最重要的一个教训就是要学会审时度势，抓住时机，提出自己下一个方法、活动、倡议、产品发布或足以扭转全局的、极具创意的营销理念。绝对不要——我再重复一遍——绝对不要将组织内部利益相关者聚在同一间会议室（包括电话会议、Skype或Zoom网络会议），不要将你最初的活动方案同时抛给他们。群体决策具有批判性，而且变幻莫测，这是“毙掉”营销活动方案最快的一种方式。只需要一个意见领袖表达出一种担忧，其他人就会像鲨鱼闻到血腥味一样，蜂拥而上，把你的活动方案批判得体无完肤。你想翻盘的概率几乎为零，而且，我知道每当某些领头人“闻到了水里的血腥味”时，他们内心的阴暗面就会占上风（可悲的是，有人以吹毛求疵为乐）。

我辛辛苦苦总结了这么一条建议：分而治之，各个击破。

当你确定下一个项目的重要内部买家名单时（可能少至两人，多至十人），根据你列出的名单，进行统筹排序，逐个致电或与他们会面。是的，这可能意味着你要开十场会，而不是一场。你可能会很累，但回报是绝对值得的，我从来没有后悔在其中投入时间和精力。我已经有过无数次实践，这直接关系到我能否赢得一些人的支持；要知道，早些时候，如果我把他们聚在一起，为他们提供一个在同僚面前“炫耀自我”的平台，他们会一票否决我的方案，或者把方案批得一无是处。通过单独的对话，我可以分别向每个人解释“这对我有什么价值”（WIIFM: What's In It For Me），我的同事也可以提出关于可行性、预算、成功因素等方面的问题；然后，针对下一次谈话，我可以对自己的表述进行细微的调整。没有人会有“被耍”的感觉，因为我是在真诚地与他们交流。

我只是在实践一种久经考验的灵活策略，与这些人单独接触，我能够看清事实（坦率地说，是在这个过程中不断完善我自己的想法），同时证实这样一点：我承认需要他们参与进来。你也可以尝试一下，这种方法非常管用，能够让你赢得内部买家的信任。我称之为“分而治之，各个击破”。

具有讽刺意味的是，这种将一个人从群体中分离出来进行高风险对话的想法，与我的一位同事分享的审讯建议不谋而合，他曾在洛杉矶城郊花了一个夏天的时间，审问黑帮团伙的一些成员。将这些黑帮成员隔离开来，进行一对一问话，可以在很大程度上降低他们在同伴面前逞强好胜、装模作样的虚荣心理。是的，我刚才将经验丰富的专业人员比作市中心贫民区的黑帮成员。可能有些人会稍有些不屑，那就称之为“华尔街精英”遇上“西区黑帮的故事”吧。

采用“分治策略”主要着眼于这样一种洞见，即当你把一批人聚集在一起时（这是在所难免的），不会让他们感到猝不及防，而是让每个人都能感受到某种程度的包容和认可。当真正的困难浮出水面，这些人就会分别做出不同的正面反应：澄清事实，加强举措，完善方案，而非混淆视听，揭人之短，从中作梗。由于早些时候你已经花费时间和精力，让他们进入了你的圈子，他们现在已经进入你的“营地”了。问题不再是“我们要不要生火？”，而是“何时，何地，生多大的火？”。

你这方面的能力会随着时间的推移和阅历的丰富而不断提高，你在现实世界中摸爬滚打，不断地总结经验，吸取教训，你也越来越能辨别出哪些人需要重点关注，而哪些可以选择忽略。由于许多营销人员会忽视为内部客户服务，因而，可以使用你的清单，最大限度地避免让自己陷入“受制于人”的困局，产生助推成功的飞轮效应。

破解营销困局，实现品牌成功：

永远不要忘记你有两个买家

- 确定你有多少内部“买家”。
  - 你需要关注所有人吗？没有一个营销领导者愿意整天沉迷于“拉帮结派”，为其营销活动争取支持，但这确实是他们工作中非常重要的一部分。无视这个问题，就要自己承担风险。
- 建立支持者联盟。
  - 确定你必须要“拉拢”哪些人。每一次营销活动都要“拉拢”同一批人，还是不同的人？
  - 利用你的联盟推进你的营销愿景，而且要确保它有利于组织发展的正确愿景。
- 认识到这一点：内部买家和外部买家感到厌倦的节奏通常是不同的。
  - 与外部买家相比，内部利益相关者通常会更快地表现出对信息、计划和活动的厌倦。

- 当内部利益相关者感到无聊或不安时，要善于找出问题的重点。
- 决定你何时会改变策略，以及改变策略是否仅仅为了吸引他们的注意。这并不总是坏事，只须让自己和团队成员明白即可。

挑战17

聘用比你更聪明的人

你是否足够自信和敏感，
可以接受比你优秀的人？

这是我职业生涯中最大的困局。虽然这并不是营销行业所独有的，但我希望你在整个职业生涯中都能记住这个教训，我花了将近30年的时间才领会到这一点。如果你能完全理解这一困局的可怕之处，这将改变你领导、雇用、指导、合作、创造、设计以及与他人沟通的方式。

我并不想夸大这一点，但在我担任首席营销官的最后一年，我突然顿悟了。当时我并不知道那是我担任首席营销官的最后一年。实际上，如果我愿意，我还可以继续留在这个职位上，但出于种种原因，我决定离开，在公司内外做一些自己感兴趣的事情。这听起来就像是一位因股价暴跌或个人不检点行为而被迫离职的首席执行官的陈词滥调。对我来说，情况并非如此。我的工作能力在营销团队中有口皆碑，向我汇报工作的副总裁不仅具备卓越的领导力，而且还能够带领团队迈向新的征程，这与公司新总裁的需求更加契合。当时为了让公司朝着更好的方向发展，新总裁正在进行一场市场战略方面的彻底变革。

首席执行官让我继续担任这个职务，或许只是客套之词；但他再三请求我留下，这通常是出于对我的信任，而非礼节性的客套。不管怎样，我还是选择了离开，再也没有回头。然而，我确实反思了自己的领导风格，发现了一个重大的缺陷（即困局）。坦白来讲，事后看来，这个缺陷给了我们一个教训，让我们更能够看到自己营销工作的影响，以及我作为领导者的影响力。

说实话，我是喝了几杯才壮胆将自己的糗事和盘托出的。

24年前，当我从佛罗里达州的奥兰多搬到犹他州时，我经历了一段艰难的过渡时期，那是我一生中最艰难、情绪波动最大的时期之一。作为一个单身的天主教徒，我从佛罗里达州中部一个高度多元化的小镇搬到了犹他州的普罗沃。普罗沃是个休假的好去处，但可能并不值得申报居住权和办借书证。当时，普罗沃80%以上的人口都是摩门教徒（官方名称为耶稣基督后期圣徒）。在最初的两个月，那种初来乍到的新鲜感还不错，但之后，就会让人觉得有些疲劳。

这与我25年后的行为又有什么关系呢？哦，其间存在着千丝万缕的联系，我甚至要寻求心理医生的帮助，才发现了这种联系。我逐渐意识到，在一种高度排外的文化（比如乡村俱乐部，你要么“加入”，要么“退出”，没有人会对自己的会员身份感到困惑）中，谋生存，求发展，我的应对策略之一是不在意别人的眼光，确保自己始终是某个地方最聪明的人。我不想“让别人踩在自己的头上”，而且喜欢理智地让自己远离一切危险情况，这无疑会让我陷入一种困局，不愿意雇用比自己更聪明的人。

我不会因为自己陷入困局而责怪任何人，但是，当我去剖析这些困局时，我会变得更加敏感，也更愿意公开分享它们，找出我的信仰体系发生了什么变化，或者思维方式偏向了哪一边，这是很有助益的。

作为富兰克林柯维公司的首席营销官，我自认为自己是营销团队中能力最强的成员。我不一定是每个领域的专家，但由于“使命在前，责任在肩”，我觉得有必要掌管一切事务。我与他人通力合作，也允许他人充分表达意见，但归根结底，我才是公司的秘密武器——一位每个季度（连续25个季度）都能不断超越自我的营销创意天才。

这种傲慢的心理是多么荒谬啊！

我是否在一些事情上取得了成功？在许多领导者（包括我自己）的重要领导下，我们的市场份额和息税折旧及摊销前利润均取得了显著的增长，股票价格也涨了4倍以上，所有这些都发生在营销团队的文化似乎正在瓦解之时。团队领导者一旦自认为自己是最聪明的人，就会出现系统性的问题，而这个问题将会在某个时刻突然显现。但是，一些显现过程非常缓慢，没有那种宏大的场面，或者不会带来附带性的破坏。事实上，这一过程相当缓慢，以至于在当时甚至都不会引起注意。或许我还在自欺欺人。

我之所以会产生这种想法是因为内心的傲慢。这种傲慢有时会导致我聘用一些我认为才华在我之下的同事。（事后看来，他们的才华可能比我认为的要高得多。）在我看来，他们的才华足以为公司带来价值，但还不足以挑战我作为营销创意天才的地位或贡献。我担心自己并没有一直致力于聘用那些在各自领域拥有世界一流专业知识的人，因为我有时担心自己的可信度不够稳固，可能会遭到他们的挑战。相反，我根据自己的喜好，选择聘用人选，即那些我认为可以与之合作的人；他们个性坚强，但他们终究明白自己在团队中的位置，不会僭权越位，暴露我虚伪的外表。再次引用《团队赋能》一书的作者莉兹·怀斯曼的话：我自己是天才的典型代表，而不是他人的天才创造者；我对其他才华横溢的营销人士有一种与生俱来的恐惧感，认为他们的光芒会盖过我，或者更糟，暴露我虚伪的外表。

让我澄清一下：回想起来，我怀疑自己在无意识中聘用了那些我自认为对自己没有威胁的人，筛掉了那些感觉对我有威胁的人。我感到非常不安，不想让任何人削弱我在公司的地位，因此，我可能会削弱并压制其他非常有才华的人的才智和贡献。

我担忧自己在公司营销部门的地位遭到技术层面的猛烈冲击，有点不知所措，不知道应该先把工作重点放在哪里。因此，我可能没有尽快采取必要的行动，因为我担心会犯重大的错误，这可能会威胁到我在公司的地位。结果，我也没有及时发现和聘用公司外部的专业人才。在那之前，我的任期和影响力很大程度上都建立在避免惨败和掉入黑洞的基础之上，我通常会远离那些可能让我或公司陷入困局的技术难题。因此，在安装先进的技术平台和聘用高级技术人员方面，我的犹豫实则是由我自己造成的。相反，我应该有计划地去寻找社交媒体、预测分析、搜索引擎优化、营销自动化和其他新兴技术方面的专业人士；我只知道我们需要这些技术，其他几乎一概不知。

我们是不是完全错失了良机？当然不是。我们推出了强大的营销自动化平台，建立了自己的社交渠道，精简了我们的网站，让用户浏览起来更加方便。但是，坦白来说，这只是我为了避免落人口舌所做的很小的一件事情。这显然不是我个人的强项，这个平台给我带来一种不安的感觉，我很难接受它，它也很难发挥作用。

我承认这一点。这个困局是我自己造成的，我已经从中吸取了教训。这个团队已经发展壮大，而且很长一段时间以来，一直在不断进步，他们的业务覆盖面也令人瞩目。我为他们感到骄傲。但我也为自己感到自豪，因为我认识到，我当时的限制性思维是基于自己的不安全感。我让团队茁壮成长，超出我的才能（即傲慢）的限制，我也为自己有这样的勇气而感到自豪。离开一个重要而稳定的职位并不容易。

我之所以分享自己的这个困局，是为了让你看清楚，你自己是否愿意聘用比你聪明的人。作为营销部门的领导，你的主要贡献（取决于团队的人员多少和业务范围）是确保招聘和留住最好的人才，即那些明显比你更有才华的同事，他们在自己的领域拥有你永远无法与之匹敌的专业知识，你完全不需要在这方面与他们进行比较。

几年前，我参加了一次市场营销会议，其中一位首席营销官谈到了这个职位的深刻含义。她要求我们将自己视为CRO：不是首席营收官（Chief Revenue Officer），而是首席招聘官（Chief Recruitment Officer）。作为首席招聘官，你的职责是打造一个过硬的企业品牌，吸引绝对优秀人才竞相前来“加入”，而且还能留得住他们。但是，如果你是一个有才能的人，陷入自身的困局之中无法自拔，就很难做到这一点。

所以我给你们带来了这样一个挑战，这也许是你们营销生涯中最大的挑战。你是否有足够的勇气雇用最优秀、最有才华的同事？他们会让你黯然失色，以至于公司中的每个人都会认为你的工作是多余的。这是终极考验，也是你的终极贡献。

最后，让我将这趟“忏悔列车”安全地送进车站。我不知道搬到犹他州在多大程度上造成了我那种傲慢的心理，让我不能从容地去聘用比自己更聪明的人。我猜测搬家只是其中一部分原因，并不是全部。所以，我要做一个正式的表态：这个问题由我自己来负责。感谢朋友们为我的人生增添了巨大的价值（当然还有绿色的吉露果子冻）。与许多读至此处的读者一样，我也有一种大家所熟知的职业病——冒充者综合征（imposter syndrome）[1]。毫无疑问，你的职业列车也已经陷入疯狂失控的状态，如果你看到我的车厢这一片狼藉的景象，可以让你认清自己的问题，及时刹住，那么我的任务就算完成了。

破解营销困局，实现品牌成功：

聘用比你更聪明的人

- 评估一下，你是否需要成为团队中最聪明的人，并确定这可能会以怎样的方式对其他人造成不良影响。邀请值得信赖的同事监督你，请他们看看在开会的过程中，你会在何时陷入这种思维模式，这样你就会注意到是什么事情、什么人触发了你进入这种模式。
  - 确定你的强项是否阻碍了他人的发展。
  - 你是否会压制那些有助于企业品牌、业务增长和客户服务的营销理念、创造力、职业抱负或解决方案？
- 如果你发现“自己需要成为最聪明的人”成为了一种固定的模式，那就花点时间反省一下。问一问：

[1] 即对自己的能力进行否定，特别是当他们取得成功以后，会把成功归结于其他因素（如幸运或良好的社会关系），而不是他们自身的能力。——编者注

- 是什么让我对自己的才能和贡献感到不安？
- 我是否将个人生活或以前的职业生涯中的恐惧带入了自己现在的营销角色？
- 我是否自认为已经掌握了市场营销的所有知识，没有什么需要学习的了？
- 如果我将团队中“最聪明的人”替换成“最好的自己”，会发生什么呢？我又会说些什么，做些什么呢？

挑战18

把噱头留给好莱坞

如果对自己的产品或服务不够自信，
你会考虑制造噱头来博人眼球吗？

2007年，一家视频营销公司提出了一个他们自认为的天才设想。为了宣传客户的电视节目《饮料杯历险记》(*Aqua Teen Hunger Force*)，他们在波士顿城市周边放置了38块灯光板，后面一个人影在挥舞着中指，导致整个城市陷入了瘫痪，爆发了大规模的混乱。很多桥梁被封，查尔斯河上的船只也暂停通行，一场全市范围内的炸弹恐吓接踵而至。最终，人们发现，幕后主使是一家总部位于纽约的广告营销公司，灯板是该公司组织的游击式营销(guerrilla marketing)活动的一部分，事实上，他们已经在美国其他17个城市放置了类似的灯板。

警方逮捕了一批人，时至今日，美国官方仍称这起事件为“炸弹骗局”。

不幸的是，这场混乱并不足以阻止其他营销者采取类似荒谬的噱头，虽然他们本来并没有什么恶意。为了避免出现这种混乱，以下是营销中需要认真考虑的一些基本事实：

- 如果你在一家软件公司工作，你的首席执行官心血来潮，脑洞大开，很想在所有观众面前现场展示你们公司新研发的应用程序，故意制造一些紧急场景，分散观众的注意力(或许是拨一个电话，把他们的路虎揽胜从停车场拖走)。在依赖Wi-Fi连接的情况下，这样的现场演示几乎没什么效果。在一个6000人的会议厅里，如果所有人都连上了Wi-Fi，网速肯定很慢，永远比不上你前一天在办公室演示时的流畅程度(甚至在开门前30分钟，你检查声音时的网络也比现在流畅)。不要这样做，除非你是一个虐待狂，想看着你的首席执行官当场崩溃。你可以设计其他可行的替代性方案。屏幕截图看起来会非常真实。或者更好的做法是，在网络信号不稳定的场所，直言不讳地跟观众解释，你将使用一组幻灯片，演示你们公司那令人叹为观止的应用程序。人们会喜欢你的这种坦诚。

- 如果你是一家非常炫酷的电动汽车制造商，正在向观众介绍你们的新型卡车及其“坚不可摧的车窗”，不要当着观众的面朝车窗扔石头。因为每个人都会直播你的“噱头”表演，所以，一旦出现意外，玻璃被砸碎了，就是在全世界面前砸了自家的牌子。如果你的品牌在其他方面声誉还不错，无论你的汽车公司能否成为世界知名品牌，有些人总是会把你和你的产品与这场惨败联系在一起，特别是当视频疯狂传播开来，有人谣传这一切都是预先策划好的，你的解释只会让谣言愈演愈烈。不要以为观众都是傻子，群众的眼睛是雪亮的。
- 如果你邀请好莱坞《变形金刚》的导演迈克尔·贝（Michael Bay），与你一起在拉斯维加斯知名的国际消费类电子产品博览会（CES）上，展示你们最新的电视技术，不要指望他能在提示器坏掉时即兴发挥。因为如果名人遇到突发情况，他们不仅不知道要说什么，他们甚至不会留在舞台上（他们会转身走开的）。哦，你可以在搜索引擎里输入这几个关键词：迈克尔·贝、三星、CES。

制造噱头是典型的群体性思维。就在你正在为产品或服务缺乏独创性而一筹莫展的时候，一位出于好意但缺乏经验的团队成员想出一个计划，想要以剑走偏锋、哗众取宠的方式，达到免费宣传的目的。所有此类噱头几乎都会以失败而告终。要么无人在意，要么偏离了方向。制造噱头很少能为你带来长期理想的宣传效果。

这是我自己的一个困局；尽管它本身不是一个噱头，但它肯定与波士顿灯光板的案例有一些共同之处。

近10年来，我一直与一家外部印刷公司合作，该公司负责我们的许多营销宣传资料、小册子、邀请函、活动手册、会议标牌等的印刷服务工作。与我接洽的是犹他州亚历山大印刷公司的凯利·汤普森（Kelly Thompson），我们的合作一直很愉快。

凯利不是那种中规中矩的印刷销售人员。我将他确定为合作对象的同一年，他获得了犹他州的“年度最佳销售员”称号。他同时也是一位创业者，为工匠们发明了一种名为Cutterpillar的裁纸工具。凯利是一个出色的合作伙伴，他能预测到我的需求，甚至每当他看到其他行业的创新型活动产品时，他就会给我带来一些样品。他只身一人就代表了一个值得信赖的供应商，他拥有一个允许安全到访的胸牌，几乎可以自由出入我们园区的任何地方，这让我们的采购部门很是抓狂。他对我们公司的价值是毋庸置疑的。

有一天，凯利笑眯眯地走进我们的办公室，甩出一个5英寸照片尺寸的小盒子。当他打开小盒子时，我才明白那是宾利（Bentley）的一款营销工具，宾利是一款与劳斯莱斯（Rolls Royce）不相上下的英国汽车品牌，有人可能会说它更胜一筹。从外观上来看，这款工具像那种打开后会播放音乐的贺卡一样。他拿来的这张卡片里内置了一个信用卡大小的视频屏幕，里面有3段与宾利汽车相关的一分钟视频。

这个卡片让人爱不释手。主要原因并不是视频的内容或质量如何（其实都很出色——如果有宾利公司的员工读到这里，请联系我的经纪人，商量宣传合作事宜），真正吸引我的是这样一种特别的技术，即能够在一张可折叠的便携卡片上观看如此高清的视频。凯利还带来了其他两件营销样品，一个出自欧洲货币兑换公司，另一个出自一家制药公司。基本上，只要他一开口，就已经让我喜欢上了他带来的东西。此外，这张视频卡片还有我在营销策略中所谓的“内疚因素”，这意味着没有人会把它扔掉；在营销活动结束很久之后，任何收到这张视频卡片的人仍会将其摆放在办公桌上，只要有同事看见它，卡片接受者就不得不再向他们展示一番。

像许多营销理念一样，我以某种形式接触到它们，可能需要一段时间，之后，我才会选择使用它们。我或许在菜单或广告牌上看到不错的字母印刷或配色方案，然后在一个季度或一年后，我才会选择使用它们。

当我看到视频卡片之后，也是一样。这个创意在我脑海中萦绕了数月之久，后来，当我们筹备一场40个城市巡回签售活动时，我们决定发起一个视频卡片宣传活动。这次活动的嘉宾是《信任的速度》一书的作者史蒂芬·柯维，我们的计划是精挑细选一些首席执行官，然后把几个与史蒂芬相关的视频存放在卡片内，将卡片送给我们心仪已久的潜在合作对象，希望他们能看到这些视频，并决定来参加当地的活动。由于每张卡片的费用大约为30美元，我们在制定受邀高管名单时非常谨慎。我们向史蒂芬提出了这个想法，尽管我们都认为这有点儿奢侈（好吧，太过奢侈了），但我们认为如果能吸引到那些原本不可能接触到的高管们的注意，那将是一项相当不错的投资。

那些宣传卡片的效果非常好，活动也非常成功，很多高管客户陆陆续续前来报名注册。几乎所有人都对卡片给予了不错的评价。

不过，有一个例外。

那是一家著名的枪械制造商，是富兰克林柯维公司的目标客户，这家公司的总部貌似就在美国东北部。

在我们想要联系的高管人员当中，有几位住得很远，超出了我们现场销售人员的车程，所以，其中20%的卡片是邮寄过去的。有一天，活动进行到一半，我们的区域销售领导接到了当地警方的电话。显然，出于安全考虑，枪械制造商会对他们收到的所有包裹进行扫描，而视频卡片被标记为疑似爆炸物品。几分钟内，烟酒、火器与爆炸物管理局（ATF）、联邦调查局（FBI）、州警察和当地执法部门派出拆弹部队，前往现场处理这起“炸弹恐吓事件”。我们视频卡片的主要内容是史蒂芬·柯维颂扬了企业组织相互信任的益处，卡片最后却成了疑似爆炸物，落入了烟酒、火器与爆炸物管理局和联邦调查局的手里。这件事上了当地的新闻（幸亏没有传到我们这里），得知这一情况，我和首席执行官、首席财务官和负责风险管理的董事会成员一起，着手进行损害控制事宜的预案。这一幕至今仍萦绕在我的脑海中：一位穿着防爆服的特工小心翼翼地启动卡片，随之映入眼帘的是一段史蒂芬·柯维的友好视频，上面写着“高信任度领导者的13种行为”。

所幸一切有惊无险（我没有被逮捕，也没有出现在美国国土安全部的监视名单上），就连我们在目标公司的当地联系人最终都认同这个营销理念的创新性。

虽然，真正意义上来讲，这并不算什么噱头，但如果相关人员缺乏冷静和审慎的处理方式，故事可能就是另外一个版本了，肯定会给我们公司带来一些负面的公众影响。这家枪械制造商的首席执行官最终还是没有来参加我们关于组织信任的营销活动，但我从中学到了两个宝贵的经验：

仔细考虑你的营销活动可能带来的一切意外后果；视频卡片只能亲手递送。

你可以跳过噱头，避免让自己陷入营销困局。相反，你应该投入时间完善自己的产品或服务，以及你如何负责任地（并且以创意的方式）将产品或服务传达给你的最小有效市场（见挑战11：界定最小有效市场）。说到这个话题，千万不要用“走红”这个词。你所做的一切都不会火起来的。我从来没有见过哪个首席营销官开展的活动，只是因为有人说它能“走红”，就真正火了起来。

对于能否“走红”这种事情，有时总是事与愿违——你做得越多，成效却越小。当然，除非你为了博人眼球，搞出一些稀奇古怪的东西，那是肯定能“火起来”的。

你们当中的一些人可能正面临资金预算缩减的窘境，所以，你们可能跳过这个建议，反驳道：“为什么不直接放手去做呢？”那只能祝你好运了。在你制造的噱头失败后，你手头的现金会所剩无几；或者更糟的是，由于对他人造成了伤害，你最终会收到当地警官的罚单和检察官的传票。虽然所有的证据都证明你制造的“噱头”效果非常亮眼，但执法部门通常缺乏幽默细胞，理解不了那些花里胡哨的东西。

我知道，现在在群体中彰显自我越来越难，吸引潜在客户的注意力几乎就是不可能完成的事情。这就是为什么这种营销困局如此诱人。你的表现要极富创意、极具吸引力，导致你心烦技痒，你要抵制这种“心痒难耐”的诱惑。请记住，我现在认为的“噱头”可能会变成一种新常态，对下一代人来说，乏善可陈。所以，请谨慎行事，不要在你的办公室里冒出类似“灯光板”的念头。如果你这样做了，至少按照标准的流程，提前实验一番，看一看反馈情况如何。

记住，每件事和每一个人与你之间的距离只有简单的4个字：搜索引擎。

破解营销困局，实现品牌成功：

把噱头留给好莱坞

- 不要制造噱头。
- 抵制不断制造噱头的冲动。
- 你屈服于来自团队的压力，并且正在考虑制造噱头。不要那样做。
- 坚定自我，绝对不要制造噱头。
- 如果你的公司老板指使你去制造噱头，不然你就会被解雇，你可以遵循以下指示：
  - 聘请法律顾问。
  - 改名换姓，并删除你社交账户上所有与你目前工作有关的信息。

- 留胡子，戴帽子，别让熟人认出来。
- 表示拒绝，并揭穿他们骗人的把戏。
- 找一份新工作，这家公司不适合你。

挑战19

选择正确的衡量指标

对于重要事项，你有自己的
衡量指标吗？

我们可以将从前的定性分析尽量变成定量分析，但市场营销可能是最难采取量化处理的组织部门。甲骨文和思爱普极大地提升了财务部门和运营部门的工作效率；赛富时改变了销售渠道和预测方式；Adobe和其他公司正在重塑营销模式。一个多世纪以来，市场营销的主要内容是印象、影响力和意识建立，这是非常难以衡量的指标。我认为，客观公正地说，从营销历史来看，许多营销人员可能青睐于这些指标，因为这些指标很难确定，不能用它们来衡量投资回报率（ROI）。预测分析的能力已经改变了问责机制的指标、加入营销团队的雇员形象以及高管层对营销（对收益、客户参与度和品牌资产）的直接或间接影响的分析方式。

是的，预测分析已经改变了市场营销的格局，但不要谈虎色变。我见过一些分析专家，他们很乐意度量你的所有营销活动，并告诉你，你错得有多离谱，但他们却无法给出任何让小学生信服的营销策略。打个比方，我认为这就像财务部门决定对销售部门进行培训，让其了解如何以最佳的方式完成季度业绩目标。

就说这么多吧。我可不想得罪财务部门。

记住这样一句谚语："能者干事，不能者教人（实在不行的人才干咨询。）"哦，天哪，有人又要给我发恶意邮件了……我们需要睿智的数据专家为我们提供预测性的措施，以帮助我们不断校准结果的有效性。但要注意，面对那些目光短浅、只关注数据的人，不要丢掉自己的创意、愿景和策略。请记住，数据是市场营销的众多组成部分之一。尽管它是一个重要的部分，但它并不是全部。质量数据的收集和解释不仅越来越具有指导意义，而且在一些重要领域也至关重要，如推动资源分配、活动时间安排、市场细分、人群偏好理解等，确保你的信息和战略可以与当前和潜在客户产生共鸣。记住，营销是头脑与心灵的结合，直觉与分析的结合，既包括经验，又包括远见。数据是谜题的一部分，而不是谜题本身。

在本书一开始，我反复强调（也许表述过度）营销需要与销售保持合作，支持和促进销售——即便这需要指定一种正式的从属模式，将市场营销部门置于销售部门之下。如果我当上了公司的首席执行官（在我坦白了所有这些困局之后，这种可能性就更小了），我会特别考虑将营销部门与销售部门联合起来。

根据销售部门领导者和营销部门领导者的成熟度和关系，确保两个部门统合综效，减少或消除冲突，并保持两者之间良好的工作势头，朝着共同的业务目标努力，这通常是最好的选择。

我在这方面的立场来自于自己一生的工作经历。在整个职业生涯中，我一直在销售和市场营销之间寻求平衡；几十年来，我目睹了双方人员口是心非、惶恐不安和自我保护的心理，由此造成了太多错误的决定。从这个角度来看，我将提供一些具体步骤，供营销管理者参考，以建立他们自己的衡量指标。

确定常用术语及其含义。我在营销部门看到的最大的困局之一就是疯狂的营销用语。我经常听到这样一句话："如果人力资源部门想在谈判桌上占有一席之地，他们需要停止谈论人力资源部的话题，转而使用商务用语。"这句话或许有点苛刻，但仍值得深思。同样的道理也适用于市场营销：停止营销言论，转而说一说销售。市场营销专业人士需要在用词上更加谨慎。我以前的销售主管比尔·班尼特（Bill Bennett）曾就我的领导风格给出了一些批评意见，让我永生难忘："斯科特，称呼事物要使用合适的名称。"他批评的重点并不是我的词汇量或沟通风格，更多的是我夸大或美化事物的癖好。

保持公正的判断。我们都这么做，你也一样。

我是一个热情奔放的人，喜欢公开表露自己的感情。这种能力以及其他类似的"才能"让我在生活中风生水起，我也为此而洋洋自得。但比尔是对的，我需要在用词和描述上更加谨慎。

我已经将比尔的建议转达给了我的团队成员。多年来，我们就如何使用合适的名称来称呼事物进行了多次讨论，比如什么是“潜在客户”（lead）[1]。我经常会说“名字不是潜在客户”。因为如果有人走到你的贸易展台前，跟你攀谈了两分钟，之后你要了他的名片，这与“潜在客户”没有任何关系。因为有人注册了网络广播账号，或者你在一次会议活动中遇见了他，这并不意味着他们足以成为你的“潜在客户”。名字是名字，潜在客户是潜在客户。二者在每个组织中都有不同的含义。在数据记录中，所有名字的价值或准确性并不相同，所有潜在客户的资质或评级也各不一样。好消息是决定权在你手里。但要确保营销部门（以及其他部门）每个人在重要术语的定义上都保持一致。清晰化是最大程度减少冲突和实现管理预期的关键，尤其是发生在销售部门和营销部门之间的，这两个部门应该是一切组织中彼此依赖关系最紧密的两个部门。营销人员通常会认为，“我们完成了完美的全垒打”，而销售人员则在想，“看起来又像是一次短打。”

现在，我有机会紧紧地向销售部门靠拢了。营销领导者应该从接下来的洞察中证实一些东西并找到一个自我反省的时机。我们公司的另一位销售主管将此举称为“顺毛驴的耳朵”（Happy ears）：缺乏经验的销售新手和营销新手总能很快（但愿如此）知道什么是真正的机会，以及什么不是。当人们盲目地以为遍地都是销售线索，人人都是潜在客户，每时每刻都是成熟的销售时机，或者每个订单都是足以改变职业生涯的百万订单时，许多销售和营销领导者就会看到团队成员苦苦挣扎于“顺毛驴的耳朵”这个问题。这里提供一些建议：永远不要再说“热切的潜在客户”（hot lead）这个词了。这有点像一个人标榜自己是专家，如果你这样自诩，显然你并不是什么专家。举个例子来说，你的麻醉师是专家，这是无可争议的，但是如果在推你去手术室的路上，麻醉师向你保证他/她是专家，

---

[1] 销售线索，也称商务线索，是指通过交流，得到的关于某人购买某种产品或服务的可能性的数据，此处可理解成潜在客户。——编者注

只会带来更多的问题而非答案。

意识到自己的“顺毛驴的耳朵”问题，并不意味着你会变成一个悲观主义者，也动摇不了你那根深蒂固的决定论思想，你总是固执地以为可以化腐朽为神奇（turn a sows ear into a silk purse，我可能又要引用16世纪的谚语了，请你跟紧一些）。不要总是带着一对“顺毛驴的耳朵”，而是要做一个务实主义者，打造品牌，充分发挥自己的洞察力和天赋。一方面，名字只是名字；另一方面，名字可能会变成潜在客户，但永远不存在“热切的潜在客户”。要了解这两者的区别。

这里我要给出第一条重要建议：积极主动地投入时间和精力，确保你的市场营销术语、定义以及对数据分析仪表盘（dashboard）和可视化报表衡量指标的理解，与你支持的部门是一致的。前期稍加明确可以避免后期的大规模混乱和失望。

避免劳而无功。如果一个名字没有太大意义，而营销部门却将其放入客户关系管理系统（CRM）中，这个名字就会分配给销售人员进行跟进；如果销售人员真的去跟进，你就犯了大错。你还从来没有见过销售人员那种愤怒吧？他在你所谓的“潜在客户”身上浪费了过多的时间，结果却发现白忙活一场。毁掉销售人员（尤其是经验丰富、业绩出色的销售人员）对你的信任，最快的方式就是让他们去做一些徒劳无功的事情。他们那“顺毛驴的耳朵”很久以前就已经被“割掉”了，他们对这种事情没有任何耐心！

为了避免你现在还不清楚这一点，请记住，千万不要把从展会上收集的名片、从会议上扫描的徽章或者网络广播注册列表的名单加载进你的客户关系管理系统，并将其作为潜在客户名单提交给销售团队，让他们进一步跟进。如果你受到引诱或被要求这样做，一定要在相关网站自行查验真伪。

第二条重要建议是：与“顺毛驴的耳朵”问题相似，营销者也不想落入“顺毛驴的鼻子”这样的感官陷阱。“顺毛驴的鼻子”是指当你做出判断（是真正的机会降临，还是仅仅只是出于礼貌或好奇？）之时，你表现出天真而浅薄的认知。当你“嗅出”潜在客户，并让销售人员（或其他任何人）花时间去跟进时，要慎重一些。一个企业组织遇到的最糟糕的情况是销售部门的“顺毛驴的耳朵”和营销部门的“顺毛驴的鼻子”的组合，这会让所有人都忙得团团转，而且不会有任何成效。

在最重要的衡量指标上达成一致。与你们公司的销售领导层、老板或最终的收入负责人会面，确保你们就最重要的衡量指标达成一致。从定义上讲，当工作达到衡量指标时，所有人会实现共赢。

我在此表态：在本书中，我没有在无意中妖魔化营销工作，没有以牺牲营销人士为代价提高本书销量。

我绝对没有这样的想法。销售最终对收入负责，在许多文化中，销售人员自身的能力往往存在着巨大的差距：他们的价值定位表达不力，建立和管理关系不当，制作的提案不完善，在数据库中录入的数据不准确，预测有误，看不到（更抓不到）机会，“到嘴的鸭子也能飞了”。我将在后续的作品《从销售混乱到收益成功》（先姑且叫这个书名）一书中更加深入地探讨这个话题。是的，我会多次鞭笞这种现象（以及我自己）！在此之前，我想强调的是，销售业绩不佳并不意味着销售人员要承担全部责任。一些销售领导为了稳固自己的事业，会倾向于把责任尽可能多地推到员工身上。但你对商定的衡量指标越清楚、越明了，就越能让你和你的团队远离卑鄙无能或压力巨大的销售领导的影响，他们试图以牺牲你们为代价，挽救自己的职业生涯。

第三条重要建议是：前面强调我们要就关键术语达成一致，这里说明我们有必要就重要衡量指标达成共识，二者之间存在微妙但十分重要的区别。除了就资源投入达成一致之外，我们能否就成果产出达成一致？我们是否已经明确了那些关键的成功因素，以便所有的利益相关者都能清楚我们什么时候完成了任务？就像登山一样，你以为自己已经登顶，于是插上了“胜利”的旗帜，拍照留念，实际上，你距离山顶还有几十米的距离；对于营销人员来说，没有什么比这更丢脸的了，这也是结束职业生涯最快的一种方式。

求真务实。在共同创建和确认指标时，确保你拥有实现这些指标的资源和能力。在反对你认为不合理的目标或活动结果时，要表现出负责任的自信。基于事实和逻辑的冷静拒绝，往往会得到成熟和明智的领导者的赞赏。任何一个有原则的领导者都不希望身边的人都是些马屁精，他们不喜欢那些明知道没有结果还对一切有求必应的人。因为这些人缺乏拒绝的勇气和灵活的手段，所以他们最终无法实现目标，让所有人都跟着遭殃。这一点都不牵强，在世界上所有的企业组织内，每天都在上演这种戏码。在高压的销售环境中，这种类型的文化非常普遍。当你真的感觉或知道某一个目标是无法实现的，直接说出来即可。你的拒绝需要有理有据，而不是随便找个蹩脚的理由，逃避繁重的工作，或是不愿意拓展自己的技能。如果你在其他项目中超额完成任务，从而赢得了别人的信任，就可以防止日后一连串的失望。优秀的领导者不希望被欺骗，但当他们自己建立一种鼓励欺骗的文化时，却鲜有人会意识到这一点。这往往是欺骗文化的先兆，终将导致企业文化的崩塌。

第四条重要建议是：作为市场营销的一员，遇到问题，需要你挺身而出，主动挑大梁，因此，你将不断面临标签化的两种身份定位，即你要么是解决方案的一部分，要么是问题的一部分。一方面，你需要取得看似不可能实现的非凡成果，另一方面，你需在所有人都赞同的情况下，（早早地）谨慎地指出不可能完成的事情。你要学会在这二者之间找到一种微妙的平衡。最终，数据分析指标和可视化分析报表可能就会让你原形毕现，所以不要签署你们双方都无法兑现的支票。

知悉预测成功（收益）的指标数据。你的指标数据很可能散布在多个媒介和渠道上。可能是网站的点击、打开或客户转化，也可能是注册者、与会者和后续人员。有了销售团队，就可能通过一些媒介和渠道，与外部潜在客户取得联系，包括推销电话、电子邮件、面对面交流和提案提交。媒介和渠道不胜枚举。我要提醒一下，你一定要确保自己知道哪些指标数据能够预测成功。这里的“成功”指的是“收入”。在某种程度上，你应该能够量化“每通电话值多少钱”。比如有23人注册参加午餐会，其中17人能到场，其中5人能发展成可靠的潜在客户，其中2人会在90天内真正购买你的产品或服务。你最了解自己所在的行业，你的客户转化率在不同情况下会有所差别。但如果你不了解这些客户，那就开始去了解，并积极地跟进。最终，你将得到相关数据和目标，并以此为基础，不断地提高营销活动的质量。很多销售机构的做法让我很是费解：它们不断招兵买马，聘用新的销售人员，简单地培训一番，就将其丢进残酷的竞争环境中，希望他们能够无师自通，学会销售之道。在市场营销中也经常发生同样的事情。营销行业必须不断设定和调整相关衡量指标，并确保所有活动和团队成员的时间及才能都集中在这些指标上。

第五条重要建议是：正如爱因斯坦所言：“如果给我一个小时的时间来解决一个问题，并且问题的解决方案对我的生活具有决定性影响，我会先用前面的55分钟来确定要问的真正问题……只要我知道了真正问题是什么，我就可以在5分钟之内解决这个问题。”当你用这些指标去衡量结果时，要投入尽可能多的时间，确保指标合理有效，并且是可以预测成功的。

在尽力设置和调整重要指标数据的愿景方面，每个组织的偏好各不相同。毋庸置疑，几乎所有重要的赌注和策略都建立在数据显示的基础之上，这是一种越来越普遍的市场趋势。但这其中也存在缺陷。希拉里·克林顿（Hillary Clinton）就在这上面栽过跟头。与这种势头同时存在的是同样有说服力的事实，即众所周知，有些事情“绝对是真的”，你的直觉发出强烈的信号，这就是你要追随的方向。我在职业生涯中学到了一些有价值的东西，下面这句话可能是本书中最有用的一句话：

在人生的进程中，每个人都在不断与自己和解。

这是一个总括性很强的表述，但其中的事实要多于虚构。如若不然，每个组织的经营方式都是千篇一律，每个州的经济政策也是如出一辙，每个牙医填补龋齿的方式也将如法炮制，每个美国国家橄榄球联合会（NFL）四分卫的投球技术也没什么区别。我们都在不断地质疑，进行事后反思，强化对自我的认可，逃避现实，为自己辩解，尝试新事物；在没有被挑战（或更糟的是，被看穿）的情况下，尽己所能，继续前行。这就是所谓的“冒充者综合征”，正如我之前所言，你我都有这种症状。销售副总裁、首席信息官、首席执行官以及那些“神龙见首不见尾”的神秘董事会的成员也都有这个毛病。这并不意味着我们缺乏宝贵的经验，没有在前进的道路上吸取教训，或者没有取得一些可以借鉴的重大成功。但是，不要误认为你是唯一一个质疑自己的能力和策略的人。有些人只是比你更会伪装而已。恐惧是人类生存状态的一部分。我们要主动接受这种恐惧。

我年轻的时候很容易被“成功人士”打动，而我自己也不是懒惰之人。但随着年龄的增长，我曾在幕后与数以百计的首席执行官、名人、作家和各方面的“专家”在一起，经历过无数的董事会会议，坐过很多次私人飞机，参加过不少高管午餐会和休息室闲聊，感觉他们与你我一样，都是普通人。真的是这样，他们可能工作更努力一些，遇到困难不会逃避，而是会多去尝试，或者他们不在乎诋毁者的污蔑，而是选择相信自己的坚持。

所以，如果这种挑战对你来说是一种全新的认知，让你感到有些陌生，也不要担心。找到你与销售人员之间的平衡，共同制定衡量指标，去奋斗吧！在前进的道路上，不要再用名片扫描器了。

破解营销困局，实现品牌成功：
选择正确的衡量指标

- 熟练掌握数据分析仪表盘和可视化报表，包括了解领先和滞后衡量指标之间的区别。公布一个数据分析报表，让每一个利益相关者都能看到，所有人已经达成了共识，进一步强化这种衡量成功或失败的指标。
- 确定你正在做的事情能够拓展你对整个行业的了解，并确保自己具备看待行业问题的双重视角。
  - 在组织的财务、运营、销售或其他核心部门，找一位教练或导师。大多数专业人士经验丰富，当一位同事或同行向你贡献其智慧时，通常会让你感到心情愉悦。
  - 如果你在一家规模较小的企业工作，可以考虑联系老板或创始人，每个月跟他们喝一次咖啡，聊一聊，了解一下他们对企业愿景和历史的看法，从他们的失败中学习。他们自己的商业洞察力就是从这些错误或失败中磨炼出来的。
  - 盘点你正在阅读的内容。营销人员应该关注销售博客、杂志、播客以及有助于更加熟悉专业领域的各种资源。比如，一般公认会计原则（GAAP）、萨班斯·奥克斯利（Sarbanes Oxley）法案（其全称为《2002年公众公司会计改革和投资者保护法案》），了解财务部门如何核算收入和记录费用，或者拓宽你对六西格玛管理法和精益制造流程的理解，以便更好地与运营部门和供应商合作。

挑战20

塑造外在形象，熟悉客户旅程

你了解自己当前客户和
未来客户的经历吗？

我故意将两个看似不同、实则相关的概念放入本章挑战。因为我发现二者（即塑造外在形象和熟悉客户旅程）在相辅相成的情况下，效果最佳。

塑造外在形象

犹他州的帕克城距离盐湖城约20英里，一年到头，这里的环境都非常宜居，没有人会选择从盐湖城迁出，我们一家人就是个例外。我的3个儿子在盐湖城上学，我每天通勤上班，妻子每天开车往返接送他们。这种生活状态令人生厌，尤其是车子还是租赁的。在经历了一年的令人恼火的通勤折磨之后，我们做出了重大决定，决心改变这种生活方式，从一个麋鹿漫步的空旷社区搬到了喧闹的城市中心，国会大厦距离我们的后院只有一步之遥。一夜之间，我们从农村生活过渡到了城市生活。

在帕克城居住期间，我们参加了社区的乡村俱乐部。

还不错！但是我们还必须加入屋主协会（HOA）。没劲！我知道这种生活有点儿过于奢侈——相信我，我每次带母亲去乡村俱乐部吃饭，她总是会告诉我这一点。但是，嘿，我辛勤工作了30年，这是我应得的。有人去夏威夷度假，有人去买跑车；我只是交了乡村俱乐部的会费而已。

就在出售我们帕克城的房子之前，我参加了屋主协会会议。你知道的，在令人恐惧的年度屋主协会会议上，人们无所事事，无聊至极，只会抱怨一些鸡毛蒜皮的小事，令人尴尬不已。

董事会决定聘请一家新的营销机构和房地产经纪公司，向潜在购房者推销社区的房子。真是一件好事。这是一个很棒的社区，环境安全且很受青睐，吸引了很多两套房买家和有孩子的年轻成功家庭；但是，现在随着一些新开发的社区的崛起，本社区面临的竞争压力也越来越大。当时有一场针对生活便利设施的较量，以我们这方的失败告终。

屋主协会主席向我们大约150名住户介绍了新的品牌推广机构。在他们开始展示如何向潜在买方展示我们社区的愿景时，出于礼貌，我们都鼓掌表示欢迎。他们向我们介绍了一些市场统计数据，承认我们的品牌面临各种挑战；然后，突然话锋一转，谈到了我们社区的形象。考虑到大多数行业都很看重且热衷于向买家展示外在形象，我觉得这是很有吸引力的一个方面。他们对这一概念的使用给我留下了深刻的印象，我很想看看他们会如何将这一概念应用于住宅社区。

然后是幻灯片展示。当机构代表开始描述我们的“社区形象”，她展示了一张照片：一辆自行车停放在长满薰衣草的法国乡村。她接着分享了一些代表我们社区生活方式的图片：在欧洲乡间野餐时准备的一根法式长棍面包和一杯精美的波尔多葡萄酒。

这是什么鬼?

我当时就感觉很尴尬。这位代表继续展示，讲解过程平淡如水，没有什么令人眼前一亮的东西。

几分钟后，介绍展示结束了。我坐在房间的后面，举起了手，这一举动着实吓到了坐在我周围的人。当我站起来时，椅子挪动了一下，发出了声音，打断了房间里不断高涨的情绪，一种恐惧感扑面而来。

哦，糟了，斯科特·米勒有话要说。

尽管如此，董事会主席还是很尽职尽责地给了我讲话的机会，这一点值得称赞。我滔滔不绝地发表了一通长篇大论，表示这种品牌形象是多么的愚蠢。我想知道法式长棍面包和红酒如何代表我们社区的品牌。或者说，这种形象如何有助于面向潜在购房者的推销。该机构对潜在品牌形象的推介，更像是一本缺乏想象力的欧洲旅游手册，而不是在向潜在的年轻买家进行实际的房屋推销。

我没有退缩。嗯，我可能说得有点儿多了。

好吧，我承认自己那天的心情不是特别好。到了50多岁的年纪，当我看到事情有问题时，我倾向于更多地说出自己的想法，但我意识到方式可以更委婉灵活一些（用我妻子的话说，凡事都有个开始）。

我们的房子已经挂牌上市9个月了，还没有任何卖出去的迹象，这让我很是沮丧，难道我是在发泄这种情绪吗？当然有这方面的原因。但是，让我“激情澎湃”的主要原因是我认为品牌与买家形象极其重要；我们应该立足于现实，介绍一些实质性的东西，而不是“面包”。以我们的社区为例，更好的品牌形象（我将花一分钟来思考这个问题）听起来可能是这样的：私家领地，静谧社区，地界开阔，一流的便利设施，满足各种生活所需，不论房型如何，所有房主均可享受户外美景和安全环境。

我知道，这种定位还是有点模糊，但我认为买家形象比品牌形象更有可操作性。以下是我们社区的两位潜在买家的形象：

吉姆，44岁，科技创业者，来自加利福尼亚州，他最近卖掉了自己的公司，赚了很多钱。他打算带着妻子和两个十几岁的孩子，从南加州的繁华社区搬到靠近国际机场的山区居住，这里的社区全年都有户外运动。他平时会阅读高科技内容、数字杂志，是青年总裁协会（YPO）的成员，很可能也是一位天使投资人，或者至少认识很多天使投资人。

希瑟，56岁，整形外科医生，来自达拉斯，膝下无子；她想为自己和工作狂的老公购买第二套房子，方便他们滑雪；既能让她保持对生活的热情，又能最终享受到自己劳动的成果。他们每年都会去犹他州的鹿谷滑雪，并通过高端豪宅网站租用两周的公寓。

你会注意到，这里没有法式长棍面包，没有波尔多葡萄酒，也没有薰衣草田，少了那些毫无意义的东西，包含了更多实质性的内容。这些内容基于我们的居民生活和竞争对手的情况，出发点和立足点是在诸多同类社区中，我们社区能够成为买家首选的原因。买家形象至关重要，能让我们知道，谁现在会从我们这里买东西，以及谁将来会从我们这里买东西。但是，如果创意推销展示仅基于诗意描述和薰衣草照片，而不考虑事实，那就毫无效果可言。这种奇思妙想催生的活动很少能够带来收益。

不能根据数据准确地塑造品牌形象或买家形象，这是营销人员面临的一种困局。实际上，我算是一个见过世面的人，但我从来没有在薰衣草地里骑过自行车或喝过波尔多葡萄酒。法式面包呢？是我的主要营养来源。你要明白这一点：打造理想买家与创造合法的买家形象有天壤之别。抛开你的自尊心，撸起袖子，真抓实干，实事求是地确定你的目标市场。这是利用品牌或买家形象为你的营销计划增值的唯一途径。

至于本章开始时我提到的屋主协会会议，你可能想知道，我慷慨激昂且深思熟虑的表达是否改变了什么。事实上，我也不知道改变了什么。我从后门溜了出去，我显然是个不受大家欢迎的人。我认为从中得到的最大的教训是，当你想塑造品牌和买家形象时，要确保基于现实数据，并且切实可行；并非只是一些华而不实的东西，虽然某些东西能为你的幻灯片展示添彩，但不会对你的营销策略产生实质性的影响。另一个需要牢记的教训是，仅仅因为你在一家品牌或营销机构工作，并不能保证你在各领域都是专家。

客户旅程

与外在形象类似，你的客户旅程必须尽可能地基于事实，只有在保证准确性且符合现实的情况下，客户情况才具有价值。如果你不认同这一点，你将陷入营销困局。

客户旅程就是客户与你在一起的全部体验过程。这一过程有头无尾。理想情况下，从来就不会有结尾。一些营销团队绘制了从客户旅程到买家角色转换的过程。已经产生购买行为的客户有时会被画像定位成“相似者[1]”，因为他们与那些被归档的客户非常相似。

“相似者”带来的潜在营销困局在于，他们通常是建立在相关数据的基础之上；理论上来说，类似于其他被归档的人群，但在具体情况下，却仍有区别。例如，从数据集的角度来看，有几对70多岁的夫妇在出售自家的房屋，表面上看，他们的情况非常相似，但实际上，他们的情况可能迥然不同。

如果假设这些夫妇都想住小一点的房子，打算搬到老年服务社区，那这种假设就是有风险的。实际上，人们搬家的原因是多种多样的，比如为了健康、自由、内心平静、离家人近等。

著名教授克莱顿·克里斯坦森和咨询顾问鲍勃·莫斯塔（Bob Moesta）将“（用户）待完成的任务”（Job to Be Done）一词推广开来，现在全球公司都将其作为一个创新的视角。哈佛大学营销学教授西奥多·莱维特（Theodore Levitt）曾这样说过：“人们其实并不想买一个四分之一英寸的钻头。他们真正想要的只是一个四分之一英寸的洞！”他们真正的需求是把新买的平板电视挂在墙上，不滑落下来。你清楚你的客户为什么在你这里花钱吗？他们雇你做什么“工作”？客户在开始搜索你的解决方案时，处于怎样的情况之中呢？克莱顿写了大量文章，对深入理解客户情况的价值进行了探讨。他们是在策划婚礼？还是在面临宠物的死亡？是因为家庭成员不断增多，需要一辆空间更大的汽车？是由于业务快速增长，迎来大量新员工入职？是在完成并购后，面临不可避免的文化冲突？因公司高管陷入信任丑闻危机，监管干预迫在眉睫？

相信你已经明白了。随着“基于场景的营销”这一概念不断为人所熟知，你越清楚客户的具体情况，即他们面临的问题或需要解决的问题，你

[1] 原文为look-alike，即相似人群扩展，是在线营销活动中常用的一种技术，在目标用户定向时，有时为了对潜在用户增加投放量，根据种子用户的网络行为聚类分析类似的行为，对有相似网络行为的用户进行扩量。——编者注

的客户旅程就越接近现实，你也能够做好更充分的准备，与他们直接沟通，通过营销策略和销售渠道，将其迅速地转变成你真正的客户。

令人尴尬的是，我们很多人在设计产品的时候，根本没有考虑过顾客的处境。在产品设计过程的后期，甚至在产品发布之后，我们经常会发现自己陷入困局之中（还记得挑战11中的Roomba扫地机器人的教训吗）。亡羊补牢，犹未为晚，我们应该更加准确地理解需要应对的各种客户处境。可以安排专人对你现在的客户进行面谈，倾听他们的意见，帮助你了解他们的处境。进行一次面谈，尽可能多地访谈更多的客户，重点关注他们在购买你的产品或服务时处于怎样的具体情境。

但要小心行事，因为如果你误以为这是销售代表的职责，与营销人员无关，可能会让你陷入困局。我已经被这样的事情羞辱了太多次：我努力收集客户场景相关的重要数据，并首先电话联系一线销售专业人员，由他们负责跟进并完成交易；他们带着极度的自信，重新回顾客户旅程。然后我会直接与客户交谈，听他们谈论自己的处境；对比销售部门的同事对客户场景的看法，二者之间的差异令我惊讶不已。我们很少能准确地预测出早期的关键问题。所以请注意：通过直接与客户面谈来验证你的内在经验，以确保你正在构建的客户旅程是真实的，而非虚构的。

以下是绘制客户旅程地图时需要考虑的一些问题：

- 你认为你的客户处于哪几种具体的情景？
- 你可以忽略掉细枝末节的部分，将这些处境归为几个大类吗？
- 在客户旅程的关键决策点上，你能具体到什么程度？对于一些本来就更重要的事情，你能将其提升至比其他事情更重要的位置吗？你能多早与客户见面，让客户优先考虑你？这样做是明智的吗？还是应该让竞争对手帮你做到这一点（比如花时间、精力和金钱向健康食品消费者普及康普茶的好处，而不是你自己在最后时刻突然冒出来，打价格战）？你要准确地确定自己在什么时候成为客户旅程的一部分，这是你必须要下的一个赌注。

- 你如何应对客户旅程的关键决策点？你是否付出了努力，验证自身的应对方式的有效性？胡乱猜测只会白白浪费时间或金钱。营销中的群体性思维可能是你最大的敌人。要习惯去扪心自问：“我们是怎么知道的？我们问过客户这个问题吗？”

破解营销困局，实现品牌成功：
塑造外在形象，熟悉客户旅程

- 阅读克莱顿·克里斯坦森的所有文章、博客和图书，聆听他的每一场演讲。在他许多深刻的见解中，“了解客户”的概念或许是你可以关注的最重要的营销洞察（与赛斯·高汀的“最小有效市场”并列）。
- 给自己充足的时间去研究和验证并准确把握理想客户的处境。
  - 不断质疑自己的发现，扪心自问：“我们是怎么知道的？”
  - 如果你能清楚客户在寻找解决方案时的处境，你就可以根据具体情况，调整每一项营销投资和活动。
- 记住这样一句名言：“人们其实并不想买一个四分之一英寸的钻头。他们真正想要的只是一个四分之一英寸的洞！”目的是把电视挂起来。这样，他们就能喝着啤酒，坐在沙发上，欣赏精彩的电视节目了。你的客户真正想要什么？
- 让你的品牌和买家角色切合实际。

挑战21

用客户的语言进行交流

你精通客户的语言，
还是只说自己的语言？

《高效能人士的七个习惯》是史上最畅销的书之一。该书出版30多年，销量高达4000万册，被翻译成50多种语言。正如这本书的影响力一样，该书衍生出的直播节目也改变了人们的生活，为世界各地的组织提供了最广泛的个人和专业发展计划。数以百万计的专业人士曾观看过这个节目，时至今日，它仍然就像柯维博士在56岁时写下这本书时一样意义重大（所以，你我还有时间做一些同样有影响力的事情）。

每隔5—7年，我们公司就会对当前的节目进行更新，以确保其时效性，在节目中加入新鲜的事例、视频、课程和工具，并为我们的高科技客户提供打印或数字版本的参与者工具包，满足他们的需求。在富兰克林柯维公司，我们的创新部门通常负责新产品的设计，营销部门负责产品发布，而销售部门则负责（正如我的开篇章节所提到的）向我们的重要客户进行产品推销，获得收益，用以支付我们所有人的薪水。

几年前，我们最新版本的“7个习惯”项目课程即将完工，作为首席营销官，我在整个团队的支持下负责该项目的全球发布。我们为该活动制订了宏伟的计划（我对手头的每一个项目都雄心勃勃，这一点可能惹恼了很多人）。

作为对众多发布活动的补充，我们在全球177个城市巡回展览，向50多个国家的买家展示了我们的新产品。这是一场时长3个小时的现场活动，在这些活动中，人力资源主管、首席学习官、业务部门主管以及所有负责员工培训和发展的人员都可以预览新的项目课程。这是一项浩大的工程。我将这次巡展比作在90天内举办177场婚礼。在大多数情况下，除了要入乡随俗和适应当地语言之外，这一活动遵循了既定的模式。我们在斯德哥尔摩、马德里、奥克兰、巴格达、布宜诺斯艾利斯、塔尔萨和圣路易斯等城市举办了许多活动，其中很多是在同一天举行的。15—20场活动同时进行的情况并不少见，因此，我们也享有一些“特权”，比如，在追踪丢失或延误的货物时，我们可以直接联系美国邮政服务公司（UPS）和联邦快递公司（FedEx）。我们甚至让一位同事飞到澳大利亚悉尼，运送6箱活动材料，第二天他就直接打道回府，因为这比通过美国邮政服务公司运送材料要便宜一些。诚然，往返运送材料的人很辛苦，但他们都很喜欢以此来积累自己的航空里程。

对于我们的客户和品牌来说，这次活动都是一次巨大的成功。由于我们的团队不知疲倦地执行这项活动，我们大大超过了自己制定的收益目标。他们绝对值得祝贺！

这次全球发布计划历时近12个月之久。为协调177场现场活动的后勤工作，我们需要安排场地，挑选顾问，准备培训材料和与会者资料。演示材料需要多次反复的设计，直至测试受众认为产品足够有吸引力，进而购买我们的产品。

此外，我们还必须开展大规模的营销活动，为产品巡展增加人气。我们需要注册系统，做好电子邮件模板、登录页面以及确认和取消程序，以应对无数次来来回回的用户注册。这样，在面对面的会议上，现场的销售人员就可以使用直接邮件和辅助材料。事实上，当我写到这里时，我发现自己有点儿怀念过去那个时候，同时也不敢相信我们居然能如此出色地完成那次活动。

我们需要提前3—4个月通知与会者，确定他们的参会时间。这意味着我们推销的解决方案尚不完整，所以相关信息或材料都不是最终版。我们每天（甚至是每小时）都要与产品设计师联系，以了解他们所做的任何更改，以确保自己传递的信息和产品定位是准确且有说服力的。这是对自信和勇气的考验，就像我父亲所言，这是“区分男孩和男人”的考验。这里并无性别偏见。

所以，你会问困局在哪里？不要着急，困局说来就来。

在活动设计流程和整个全球发布会的过程中，公司聘请了一名营销助理，来协助富兰克林柯维的领导力部门。杰西卡·约翰逊（Jessica

Johnson）不是正式营销团队的成员（这意味着她没有经过我的面试或聘用流程，也不向我汇报工作）。虽然有些忐忑，但我们还是很自然地邀请她参加发布会的准备。她的职责是协助公司领导层对市场进行垂直管理，我们需要与她合作，因为她即将成为“7个习惯”的品牌负责人。注意我这里的用词是“需要”，而不是“想要”。她看似是一个很不错的人，虽然她有很强大的营销背景，但都与我们这个领域或行业无关。

在她工作的第一周，我和她一起参加了一场设计会议，讨论我们的活动顾问在展示活动时要学习的话术。我们总是会提供一个话术模板，一旦活动顾问通过测试，取得参加活动的资格，他们就可以根据自己的喜好对话术进行修改。这样做有利有弊，一方面，你不想让活动顾问死记硬背，另一方面，你又不想让他们“越界”。

当我完成了活动第一个小时的整体展示后，我看着这位新同事，希望她会被我的口才惊艳到，并肯定站在她面前的（我）的确是一位天才。

不，事情并非如此。

对于我们的企业文化而言，这是一次非同寻常的大胆举动（请注意，她是一个新人，所以没有完全理解我需要被尊重），她说：“我完全不知道那是什么意思。没有人会那样说话。”

嘣！

我看着她，一言不发（这种情况并不经常发生）。我坐下来，心里充满了怨恨，听着她的反馈。她接着说道，我们的内部语言有多么混乱，并表示在她之前的任何一家公司，都没有人用这样的术语来指代这种情况、问题或事件。她直言不讳地说出了自己的想法，并没有表现得很粗鲁或是有冒犯的意思，只是为了明确问题，而且很让人信服。

那一天，我开始意识到我们公司的语言已经演变成了荒谬的“土话”。我用“看家护院”这样的术语来描述“责任”。她问道：“那是什么教会式用语吗？”她并没有在开玩笑。其他一些术语，在我看来很正常，因为我们已经在会议上说了数千次了，现在已经成为我们面向公众传递信息的习惯用语。

我们互相盯着对方看了几秒钟，我想，我还是不太喜欢她，但她一针见血。从那一刻起，我们重新评估了每一个术语、描述、场景、训练或其他任何可能嵌入我们内部语言的表达。我们的团队经常征求她的意见，尽管她对我们的业务或市场地位一无所知，但是，她对我们浮夸的语言和自编的术语的批评是非常宝贵的参考。我们进行了全面的改革。根据她的反馈，我们发现自己陷入了营销困局。在你的组织中，你很有可能也在做同样的事情。

不信吗？这种事情发生的可能性超乎你的想象。

10年前，我刚刚结束在英国的一项任务，回到了美国，邀请3名英国同事到我在帕克城的小木屋滑雪度假。我们滑雪时玩得很开心，还讲了一个恐怖的故事，讲的是一个美国人（我）在英国着陆时，他们是如何咬了他一口，然后又把他吐了出来。有一天在斜坡上，他们把我拉到一边，说我整天都在谈生意，甚至在我们滑雪的时候也不例外。我对此表示抗议，并问他们是什么意思。据我回忆，在那天的谈话中，我一次也没提及工作。客人们解释说，富兰克林柯维公司的内部语言已经渗透到我的自然用语中，以至于他们无法分辨我什么时候在谈论私人的事情，什么时候在谈论工作的事情。其中一位至今仍是我的好朋友，名叫埃丝特·弗拉特利（Esther Flatley），她说："斯科特，你知道这周你跟我说了多少次你'只是想增值'吗？谁会在非工作时间这样说话？"她接着表达了对我的能力（我能够让午餐谈话发挥统合综效的作用）的惊讶，并提醒我，她也在同一家公司工作，需要休息一下。

大家一笑了之，我却后怕。在那次度假之后，我对自己的语言表达有了更多的了解。果真是这样吗？遗憾的是，10年前，杰西卡在"7个习惯"发布会上对我进行了同样的批评，与我从英国朋友那里受到了严厉批评如出一辙。

长期形成的旧习很难改变，但在营销行业，语言是我们工作的核心。所以，要避免陷入这种困局，在说话时也格外小心谨慎，将自己的语言与客户的语言区分开来。

这种企业文化问题绝不是富兰克林柯维公司独有的。每个组织都盛行自己的话术表达、捷径办法、首字母缩略词和内部语言，这些无疑会影响到员工的价值定位、外部营销信息、销售培训以及整体广告和业务发展投资。但是，我们很难意识到这种内部语言对我们的影响。作为一名营销人员，你要与客户、非客户甚至行业外的人会面，要不断地调整自己的说话方式，进行标准和实践测试，以确保你表达的内容与他们的保持一致。此外，他们表达的内容也是他们编入预算中需要解决的问题。你可能正在向一位潜在客户推销一款高效管理软件，用以解决项目管理问题，实际上这位客户的资金预算属于领导力发展类别，但他实际上与公司提高产品上市速度的总体目标是一致的。将这些要点联系起来，需要你们公司的销售和营销团队在语言表达（或者可能更重要的是“倾听”）方面相互协助，彼此支持。这也是为什么了解你的客户的处境如此重要的另一个原因，因为不同的情况通常与不同的术语和语言相匹配（即便你确信你们说的是同一种语言）。

破解营销困局，实现品牌成功：
用客户的语言进行交流

- 掌握三种“语言”：自己的语言、企业（行业或文化）的语言以及客户的语言。你与当前客户和潜在客户的直接交流越多，你就越擅长用客户的语言进行交流。

- 在领英上搜索信息，联系一些潜在的客户（非当前客户）。
- 问一下他们，是否愿意为你腾出15分钟的请教时间。
- 可以提前说明："您是否愿意花15分钟和我谈一谈，因为我想更好地了解我们的客户在选择使用我们的产品和服务时的一些具体情况。我知道您不是我当前的客户，此番电话联系的目的也不是拉拢您成为我的客户。我只是想知道，您是否可以帮我回答一些问题，因为我们在不断完善信息，确保其准确性，有助于解决我们客户的需求。"根据需要，制定专门的话术，并遵守15分钟的时间约定。如果有人向我提出这样的要求，遵守时间承诺，而且没有通过电话向我推销任何东西，我绝对会给他们腾出15分钟的时间。

- 认真进行一次头脑风暴，将你在公司中一直使用的词语写下来。
  - 邀请一位同事加入，增加一些乐趣。
  - 如果你确定列出的词语已经很全面了，就坐下来反思一下。将整理好的词汇通过电子邮件发送给几个信任的客户，让他们标出或圈出他们在日常交易中使用但在与你合作时没有出现的词语（不要干扰他人做出客观公正的评价）。
- 约一个非客户的熟人喝杯咖啡，让他们证实或质疑你们的谈话与他们日常的真实对话有多接近。

- 努力理解你的营销语言与客户现实生活中的挑战有多接近。
- 要知道，你所说的“高表现力”，别人可能会称之为“一流”。术语对不同的对象可能有截然不同的意义，一个人的营销策略会根据他们试图参与的对话而有根本的不同。

挑战22

创建重要的潜在客户名单

你的天才创意和极具吸引力的
提议是否传达给了合适的人?

一位经验丰富的营销主管曾告诉我，有效的营销活动取决于三个方面：创意的质量、产品的质量和客户名单的质量；而且，这三个方面同等重要。我组织过数百场不同的营销活动，始终谨记这一条建议。

根据我现在的经验，这三个方面质量的重要性占比有了一些变化：客户名单占60%，产品占20%，创意占20%；这一点很不妙，因为对许多营销团队来说，创意是最有趣的部分。最重要的一点是，你的产品创意十足且极具吸引力，但如果你对潜在客户定位有误，就完全是在浪费大家的时间和精力。你的客户名单对任何活动都是至关重要的。在你的战略规划中，一切事情的质量和执行都可能是世界一流水平，但是如果你的人员名单出了问题，你可能只是在毫无目的地“狂轰滥炸”。

扪心自问，你是“撒网捕鱼”还是“用鱼叉捕鱼”。《华尔街日报》头号畅销书《高效能人士的执行4原则》的第一作者克里斯·麦克切斯尼（Chris McChesney）在寻找潜在客户方面推广了这一观点。撒网捕鱼就是在水面上撒开一张大网，捞起一大堆东西，包括龙虾、石斑鱼、鳗鱼、鲶鱼、轮胎、浮标和海藻。如果你开了一家海洋主题餐厅，厨房里需要各种食材，也需要装饰墙壁，那么一切都没问题。用鱼叉捕鱼需要准确地知道比目鱼的觅食地点，用鱼叉一个接一个将它们叉中。好吧，场面有点恐怖，但你最后会将烧烤食材装满你的冰柜。

建立潜在客户名单需要耐心、细心以及超乎寻常的深思熟虑。上面的比喻说的是用鱼叉捕鱼。与撒网捕鱼相比，用鱼叉捕鱼需要更长的时间和更高超的技术，而且来回划船可能会让你筋疲力尽。在理想的情况下，你的潜在客户名单很可能会与你的信息产生共鸣。

举一个典型的例子：几年前，收发室把一个大箱子送到我的办公室。箱子大约有1.2米长，0.9米宽，可能有6.8千克重。作为一名高层领导，我收到过很多直邮快件和包裹，许多“博人眼球”的快递都会寄到我这里，View-Master虚拟现实玩具眼镜、高尔夫球、纸杯蛋糕和日历等各种东西，纷至沓来。然而，这箱子截然不同，当垃圾桶太大了（显然，这是他们的一种营销策略）。

当我打开印有英国退货地址的棕色运输箱时，这个箱子激起了我的兴趣。里面有一个漂亮的红木盒子，打磨得甚是光滑，上面有一个金盘，金盘上刻着我的名字。我打开盒子，里面有一套支持英国知名球队的定制运动装备，包括一件背面绣着我的名字“米勒”的定制队服。在一条团队主题的围巾下面，我发现了两件物品的认证证书，以及一份赞助他们球队的邀请函。这个盒子以及盒里的东西都精美绝伦，我无法用语言来形容。这次上门促销的投资额肯定超过了500美元。我既感到荣幸，又感到疑惑。

为什么要寄给我呢？为什么不直接寄给富兰克林柯维公司呢？我不明白为什么一个知名的英国足球队会把一个在盐湖城从事领导力培养工作的美国人作为潜在的赞助商。我们之前确实没有赞助过任何球队。就赞助而言，除了一些贫困学校的赞助，我们真的没有其他方面的大规模赞助。我们公司在英国业务虽然稳健，但肯定不足以保证如此高的支出水平。说回我这边，你可以很容易地找到我的名字和联系方式，但即便粗略地看一下我的很多社交平台，你也会发现欧洲足球并不在我关注的事情之列。我想，他们将我（或我们）视为合适的赞助商是有原因的，但实际上，我并不知道是什么原因。为什么呢？因为他们从未继续跟进那价值500美元的盒子。没有电话，没有邮件，没有语音留言，没有领英消息，什么都没有。这是一个典型的反面教材，虽然是一个非常有创意的营销活动，邮寄的东西也相当不错。但我只是海里一辆锈迹斑斑的自行车，一张渔网误将我打捞了起来，这本来是一张用来捕捉蓝鳍金枪鱼的渔网。

但是，故事到这里并没有结束。几天后，在每周一的例行高管团队会议上，首席执行官把一个打磨得很好的红木盒子带到了团队所在的会议桌上，盒子上有一个金盘，金盘上刻着他的名字。他拿出了背面绣着“惠特曼”的定制队服，以及所有其他相同的运动装备。他也对物品的精美程度惊叹不已，但还是坦言道："他们将我作为目标客户似乎很奇怪。而且，他们甚至没有继续跟进。"他看了我一眼，我回应说，他能收到这样一份礼品很是荣幸，没有说别的。

然而，我心里所想的是：这下投资额达到1000美元了。

对于这一切，于我而言，最合理的解释是，某个卡塔尔酋长砸了100万美元，为他心爱的橄榄球球队拉赞助。如若不然，这支球队的营销部门肯定无能至极。他们显然没有仔细审查潜在客户名单。或者，他们甚至都没有创建名单，或是看到这一点。他们可能聘请了某位名单代理商，寻找具有一定规模或知名度的美国公司，祈祷我们会赞助那支英国球队。澄清一下，这不符合我们公司的赞助战略。甚至一点也不沾边儿。我猜想如果是一封信，甚至是一张印刷精美的邀请函，一切都还算正常。最多花3—4美元。但是，一件印有我名字的定制队服？小心地折叠起来，放进一个手工雕刻的红木盒子？辗转半个地球送达目的地？

听我说：仔细整理你的潜在客户名单。捕鱼用鱼叉，不要撒网。问问你自己，客户在什么情况下会购买或赞助我们的产品或服务？是合并、收购、技术整合、诉讼、收入下滑、大规模扩张、供应链或供应商问题、立法授权，还是其他什么情况？我如何知道这些信息是否准确？

我是否投入了时间和精力，在合适的情况下找到了合适的人？

大多数组织会在各种研究和分析上投入大量的精力和注意力，但是它们却把建立数据库的工作外包给第三方，第三方会把同样的数据名单卖给它们所有的竞争对手。这些数据名单每年会减少30%，这意味着每隔30个月，这些数据基本上会全部更新一次，原来的数据就变得毫无用处。我与本行业的所有名单代理商都打过交道，他们的数据基本没什么区别。据我所知，一家名为Worldata的公司就是个例外，这家公司位于南佛罗里达州。我和他们一起合作了将近10年，非常重视他们的数据和服务。在各种数据和数字需求方面，该公司首席执行官杰伊·施威德森（Jay

Schwedelson）是富兰克林柯维公司值得信赖的顾问，而且我们私下里也是朋友。我非常尊重杰伊的指导以及他的同事给出的建议。

作为我们与Worldata合作的补充，我倡导了一种特别非传统的老式名单创建方式，这是我早年参与众多政治竞选活动时学到的；在迪士尼开发公司工作期间，我进一步完善了这种方式。我们需要获得潜在客户相关的清晰且长期有效的数据，发现保持主动性的最好方法是撸起袖子，进行实践研究，并亲自汇编数据。我知道，在2021年这种做法简直令人难以置信。我们雇用了一群兼职研究人员，其中包括大学生、全职父母以及希望做几个小时兼职的前雇员。我们还组建了一个4人的全职团队，他们唯一的工作就是整天在网上为我们的数据库搜索信息，确认针对性很强的新客户姓名。信息搜索不仅仅止于客户姓名，还涉及验证无误的客户信息，包括职务名称、线下邮寄地址、电话号码、电子邮件地址和社交媒体账号。这些信息通过领英、谷歌、公司网站、团体成员名单以及许多其他专有方式进行交叉引用，从而形成了数据高度准确的世界一流名单。再一次，我们选择多投掷几次鱼叉，而不是多撒几次网。我们可以根据每一种可能的情况，对潜在客户名单进行划分，让我们的解决方案与他们手头“待完成的任务”相匹配。其中当然有猜测的成分，但“鱼叉”是很锋利的！

我们非常“擅长”填补营销活动和网络广播的空白，以至于要经常暂停活动，将人们拒之门外，这着实令人遗憾。此外，数据的质量和容量经常超出我们的战略部署。

不要陷入这样一种困局：为了传播信息而盲目购买和租用数据。而是要拿出你的“鱼叉”，确定最小有效市场，自己建立一些完备的潜在客户名单。结果会让你惊喜。这是一种高度劳动密集型的工作，如果做得好，回报是绝对值得的，特别是当你真正跟进的时候。

破解营销困局，实现品牌成功：
创建重要的潜在客户名单

- 要认识到这一点：你可能需要优先考虑建立和维护名单这一重要活动，其次才是自己的创造性愿望。
  - 确保名单的真实性。尽最大的努力去确认，然后提高标准，反复确认。这种工作不是一蹴而就的，而是具有一定的持续性。这在业内通常被称为“用户列表清理”（list hygiene）。
  - 当你针对新的潜在客户开展活动时，在你的名单上投入足够的时间和精力。一项很不错的标准是“三思而后行”。确保自己确切地知道自己最终需要哪些数据，以便在前端进行收集。当你在调查线下邮寄地址时，突然意识到也应该收集电子邮件地址，这是一种痛苦的经历，你将为此付出昂贵的代价。或者你建立了一个庞大的线下邮寄地址数据库（我知道这是一件不可思议的事情），但设想一下，一场疫情席卷全球，大家都开始居家办公，这样一来，任何形式的直邮活动都无法开展，你的名单也就毫无用武之地。这不可能，对吧？事先仔细考虑你需要什么信息。
  - 名单制作完成以后，你才能开展创造性的活动，或者至少让二者同时进行；你会意识到其中一个显然比另一个更有意思，所以你需要相应地调整自己的注意力和资源分配。

- 针对你的目标客户群体，要有这样一种认识：
    - 你将从哪些渠道获取资源？你将采取怎样的方式整理名单？
    - 你的名单是否会根据不同的情况或其他心理特征进行细分？

挑战23

支持者就是“活广告”

你现在有什么行动，支持和激励
你狂热的粉丝吗？

在美国商业中，福乐鸡（Chick-fil-A）是利用支持者影响的绝佳范例之一。如果这个餐厅的名字引起了强烈的情绪反应，试着先将其放在一边，因为我要分享的这个观点很重要，值得你去考虑。

福乐鸡是有史以来最赚钱的快餐连锁店之一。它的每一家门店的收入和利润都远超过所有的竞争对手。我最近采访了福乐鸡的顾问唐纳德·米勒（Donald Miller），他也是畅销书《你的顾客需要一个好故事》一书的作者。他表示："福乐鸡目前面临的最大问题是，无法在店内放置足够大的冰柜，来存放当天要出售的所有鸡肉。"

这是多么大的问题啊！你什么时候听说过一家企业产品库存不足，无法满足客户的需求？而且每天都是如此？在2020年全球疫情初期，至少在盐湖城，从清晨到深夜，每天都会有上百辆车涌向福乐鸡的汽车餐厅，因为实体餐厅不面向无预约车辆开放。

作为一家私营企业，他们的一些政策遭到了批评者的强烈反对。有时，在餐厅的停车场还会有小型集会，抗议公司创始人对社会问题的个人见解以及公司政策和政治贡献。我对这种事情没有兴趣，我想说的是接下来通常会发生的事情。

貌似在抗议者聚集的几分钟内，不论他们有什么安排，福乐鸡的顾客都会前来应援，足足有数百人（有时也能达到数千人）。门外很快就排起了长队，汽车餐厅里排队等候的汽车会延伸至几个街区。我不知道反示威者（福乐鸡的支持者）的关注点是什么，是想捍卫该公司的政策以及其作为私营企业的言论自由，还是只是单纯地想吃鸡肉三明治，不想看到他们最喜欢的餐厅受到伤害。我想一切皆有可能。

重点在于这家企业显然拥有狂热的支持者，其声援的力量盖过了批评者的风头。我猜想应该没有人暗地里通风报信，悄悄地组织这么多人来声援。抗议者露面之后，支持者随后也就出现了。

新闻报道几乎总是先关注示威者群体，之后，转而关注汽车餐厅里成群的顾客堵塞汽车餐厅长达数小时的景象。福乐鸡已经在美国47个州建立了一支“顾客军团”，只要有需要，不论何时何地，他们都愿意前来声援，他们的行为都是自发的，不需要任何请求。另外，不要忽略这样一个小小的事实：这些支持者的鸡肉购买量会超出餐厅现场的储存量。

福乐鸡是如何获得如此忠实的追随者的呢？这是一个价值数百万美元的问题，而且答案可能不止一个，在本书中我无法一一道出。不管你是支持者，还是批评者，都会有自己的看法，但这家企业显然做了很多正确的事情，建立了如此忠诚的客户基础。我认为，我们可以在这样一件事情上达成共识：他们尽善尽美地对待员工，因此员工也尽善尽美地对待客户。这是福乐鸡确立的一项永恒的商业原则，为这家企业带来了几乎无与伦比的加盟商保留率，根据凯文·克鲁斯2015年的一篇文章，福乐鸡品牌加盟店的保留率高达96%，同时也培养了客户支持者明显的忠诚度。

支持者是你的品牌大使和实地推销员，那么，你有什么策略来培养支持者并利用其影响呢？这里有一些问题。可以问一问你们的营销团队，确保你们公司也可以像福乐鸡一样，拥有狂热的支持者：

- 你们公司目前的支持者有哪些人？是否鼓励他们继续推广你们的产品或服务？你是否给了他们具体的理由、贴心的经历和难忘的印象，激励他们自发地为你代言？
- 你知道为什么他们将自己视为支持者吗？根据你的了解，对于你所提供的产品和服务，是否存在决定性的事件，确保所有其他客户都有同样的体验？
- 你对他们了解多少？你是否会保留他们的联系信息，同时又不违背他们购买你的产品或服务的愿望，而不必注册成为你新的、终生的数字好友？
- 你有怎样的数据清理流程，来确保以他们喜欢的方式与他们联系？

- 如果你通过他们向其所在的组织销售产品，一旦他们跳槽了，你能否知道他们的去向？你是否有相应的处理流程，让他们“带你一起走”？
- 你多久与他们沟通一次？你的沟通可以为他们增加什么价值？
- 你是否专门为他们准备了简单的反馈机制，这样，他们就能够帮助你纠正他们所看到的任何错误？
- 你是否以一种负责任的态度，帮助他们对你的品牌树立良好的口碑？如果有需要，他们是否可以实时了解你们公司对问题的看法和对趋势的判断？
- 也许他们是某一特定产品的坚定支持者，但你需要他们为你宣传最新产品。你需要搭建怎样的桥梁，让他们从选择产品A过渡到选择产品B？
- 有什么激励措施（如果有的话），来鼓励他们把你的产品或服务推荐给其他客户或顾客？

尽管上述几点对你的自我反思（希望可以体现在行动上）同样重要，但不可否认的是，它们多少有些谋求私利。要建立你的支持者群体并利用其影响，你必须确定自己不能只关注自己的内在需求，而是要向他们的需求倾斜。我的经验是，在我们的营销人员当中，许多人都非常执着于争取新客户，以至于我们会经常忽视那些很早就来到我们身边、信任我们并坚定地支持我们的人，即便我们当时并没有完全赢得他们的支持，或者不值得他们这样去做。你所在的行业是这个样子的吗？移动电话业务肯定是这种情况。有一个重大的秘密是众所周知的：你与同一个供应商合作的时间越久，你花的钱就越多。我们过于关注未来会发生什么、谁会成为下一个目标客户，却忽略了那句永恒的格言“与带你来的人共舞”（Dance with the one who brung you）。如果你太年轻，还没有听过这句格言，我来解释一下，它的意思是要忠于那些最先选择相信你、珍惜你的人。

以下是一些需要你考虑的其他方面：

- 你多久对你的顾客表示一次感谢？除了面向客户的销售人员，你们公司的高层人员最近一次联系客户并向其表示感谢是什么时候？
- 如果你们拥有感谢客户的流程，该流程是否附带有其他条件？你的感谢是否总是“图谋不轨”，提议让客户购买更多的产品或服务，或者在下次购买时给他们打折？你上次不带任何附加条件地感谢客户是什么时候？
- 如果你创建了一个答谢客户的计划，那会是什么样子？它真的能提升客户的忠诚度，拓展你的业务吗？你的客户推荐会有所提升吗？
- 在许多组织中，获取新客户是大家共同关注的焦点和工作的衡量标准。除了基于订阅人数的业务，我们很少听到或看到人们如此关注客户留存率，而且这是一种令人痴迷的衡量标准。除此之外，高管们似乎会在口头上对客户留存率表示支持，但我认为，总体而言，这方面的沟通、资金和培养都有欠缺。

最近我去了一家餐馆吃饭，离开时对主人表示了感谢。他们的回答是：“欢迎你再来”（You’re welcome）。什么？是欢迎我下次来你餐馆消费吗？只有我来这里吃饭，你才会表示“欢迎”吗？开玩笑吧？他们本应该这样回答：“很高兴为您服务，感谢您的光临，您来这里吃饭让我倍感荣幸，吃好请再来。”但从来没有人这样回答。进一步来讲，顾客在离开（或进入）时，不应该与商家搭话。

这里有一个对该原则进行正面解释的范例。之前我说过，两年前，我从帕克城搬到了山下20英里外的盐湖城，但我仍然会每月两次驱车20英里回去，到一家美发厅理发，我连续10年都在的这家美发厅理发。说实话，男人理发就那么回事儿，在哪儿理发都一样。我敢肯定，在我家附近的街区，也有很多非常优秀的理发师。然而，由于原来的美发厅店主杰克对我很不错，我仍然每月两次开车去帕克城。杰克不仅会满足我临时提出的一切紧急预约请求，还在每次预约时都感谢我照顾他的生意；当我去柜台付账时，他会站在前门等候，在我离开时，为我开门（他对待每一位顾客的态度都是一样的）。无一例外。杰克·罗宾斯是“灯光美发厅”的老板之一，由于我对他“不离不弃”，他也不得不对我表示出应有的“激情洋溢”。

任何行业都没有自然生存的权利（尤其是电子烟行业，因为我家里有3个小孩，我不会让它出现在我的书里）。每个行业都必须日复一日地为赢得生存权而努力。如果我是一家餐馆的老板，我会在适当的时候走到每一张餐桌前，真诚地感谢顾客的光临。我会说：“希望您用餐愉快。我想亲自来表达谢意，感谢您来我们这里消费。非常感谢您的光顾。期待能够与您再会。”我并非在此夸大其词。这种简单的行动会让回头客暴涨。如果我开了一家零售店，或者做任何类型的生意，我会以同样的方式感谢我的顾客。作为公司的一名高管，每当我与客户通电话时（通常是在他们聘请我做演讲的预咨询期间），我总是首先感谢他们的光顾。我会故意放慢谈话的节奏，这样，他们就能真诚地感受到我对他们的感激之情。我认为这是一种失传的礼节，尤其是在B2B市场。

我最近在盐湖城的一家网球商店，花了350美元，为3个儿子购买网球器材。店主站在收银机前，当我付完钱（现金支付）后，我说：“谢谢。”她甚至没有抬头看我一眼，只是回答说：“嗯哼。”（这可是真事）你觉得我还会去那家店买东西吗？当然不会了。可以确定我不仅不会支持她的生意，而且还会直言不讳地阻止别人去那里购物。在当前的经济形势下，任何客户都不能被认为是理所当然的。

为什么我要在一本营销书里教你如何进行客户服务呢？

因为你对待支持者的方式，不论好坏，都是一种营销。而那些学会利用其支持者的影响的人将永远能够“抢占上风”（网球双关语）。

你听说过巴德尔-迈因霍夫现象（也称频率错觉）吗？也许你没有听说过这个概念，但你肯定经历过。比如，你买了一辆新车，以前很少在路上看到这种车型，但你购买后就发现这种车随处可见。我们生活的方方面面都会出现这种现象：新买的东西、新认识的短语、新接触的品牌等等。你对某种东西的意识越强，你就能更多地看到并认识它。我敢打赌，读完这一章之后，同样的事情也会发生在你身上：下次有人说“欢迎你”，你会想，他们是否应该说“谢谢你”。但更重要的是，当涉及到你客户和支持者时，你会意识到自己要做出表达感谢的行为。

破解营销困局，实现品牌成功：

支持者就是“活广告”

- 做好维持现有客户与寻求新客户的需要之间的平衡，并对其进行评估。
    - 你有没有意识到寻求新客户的刺激会妨碍你维护老客户的需求？
- 要认识到我们容易分心的天性，所以要利用新挑战和新机遇，保持强劲的势头。
    - 当你的客户疲惫不堪、心烦意乱或者需要别人提醒他们成为你的客户的初衷时，你将如何行动，确保自己设定并实现一定的目标？因为这些目标涉及吸引、追踪、跟进以及再次吸引客户。
- 调查你所在行业的竞争对手，特别是那些对你威胁很大的对手。

- 为什么他们的粉丝们都很狂热，喜欢去他们那里消费，而且忠诚度也很高呢？
- 在建立自己的支持者群体方面，你能从他们身上学到什么？

挑战24

纸质营销的重磅回归

在数字通信席卷全球的时代，纸质印刷可以作为适当的补充吗？

在我整个人生过程中，美国邮政服务公司一直把邮件送到我家门口，有几年除外，那几年时间里，我的邮件被投递至邮政信箱。我曾在佛罗里达州、伊利诺伊州和犹他州生活，这些邮件通常在上午11点左右送达，而且最晚从未超过下午3点。从大约一年前开始，我盐湖城家里的邮件的送达时间会延迟至大约下午六七点钟。我立马就注意到了这一点，因为一个邮递员在夜色中来回穿梭是一种奇怪的事情，甚至有些令人不安。在过去的一个月里，我几次叫住邮递员（在我所在的社区，邮递员晚上出现的频率越来越高，而且不是同一个人），轻声询问他们为什么要工作到深夜。他们所有的回复都是一样的：需要投递的邮件变多了。邮件变得如此之多，迫使邮递员工作时间延长，只是为了完成所有的邮件投递。现在的邮件不仅仅局限于亚马逊包裹，还有普通的老式邮件：生日贺卡、优惠券、汽车经销商优惠促销、草坪打理服务、房地产公告、信用卡账单、银行对账单、社区通讯，等等。与10年前相比，我2020年的邮件数量并没有减少，每天有5—7封邮件，这还不包括那些整合在一起的包裹；因为我的妻子会瞒着我熟练地打开包装盒，把各种商家的包裹整合在一起。直到现在，她还认为我不知道她很多个下午都在整理包裹。顺便说一句，同样的事情也发生在你家里，但可能你才是整合包裹的那个人。

声明：本章挑战写于全球新冠疫情之前，受疫情影响，面对面的聚集活动受到了严重限制，人们要保持一定的社交距离，导致大多数现场活动无法进行。我有意将这一章留在后面，因为疫情终将结束，现场活动将再次成为标准的经商方式，尽管到时候会出台新的安全措施或教程。当世界恢复到某种程度的正常状态时，我在这里概述的与直邮相关的营销实践可能会更有意义。

尽管我们大部分的账单都是自动转账完成，而且我们也会尽量选择电子账单，但这种直邮账单还是会不断累积。我拒收了很多线下邮寄物品，也很少报名领取新的印刷制品。然而，快递每天还是如潮水般向我涌来。为什么会这样呢？花点儿时间，想一想你自己的电子邮箱收件箱。我的收件箱都快要爆满了。我每天收到大约300封电子邮件，其中绝大多数是我从来都不会查阅的邀请函，因为它们会被自动移到杂乱的垃圾文件夹中。电子“炼狱”中堆积着成百上千的电子邮件，等待我的助手做出判断，把无用的邮件原封不动地送进深渊，无人打开或阅读它们。无论是人工排查，还是自动过滤，企业邮件过滤器的严格程度达到了前所未有的高度。

事实上，比起电子邮件（甚至是通过了过滤器排查的电子邮件），人们更有可能查看纸质邮件。美国邮政服务公司的研究甚至发现，虽然千禧一代精通科技，但84%的人会花必要的时间查看传统邮件。与电子邮件相比，他们非常热衷于传统邮件，以至于64%的人会翻阅纸质邮件，在其间寻找有用信息。

很多电子邮件、短信和社交帖子猛烈地冲击着我的生活，已经达到了一触即发的程度，这可能也是为什么纸质媒介仍然如此具有吸引力的原因。营销自动化服务的爆炸式增长更是加剧了电子信息的泛滥，企业组织会加载一系列根据算法划分的出站电子邮件，然后根据你的打开率、点击率或参与度，发送一系列的自动回复。而且，这些自动发送的电子邮件写得越来越随意，让你觉得这个“发件人”对你来说并不陌生。

我收件箱里95%的电子邮件都没有打开，主要原因是它们可能是自动发送的邮件。社交媒体渠道和聊天机器人的爆炸式增长为人们提供了各种交流机制，这方面的内容我可以写一整章。我的领英收件箱容量现在已超出了我的Outlook收件箱容量。

这些新技术媒介为可靠的直邮提供了一个有趣的机遇。下面我要举我个人职业生涯中的一个例子：一封精心设计的直邮快递成功地渗透进原本密不透风的企业高管们的收件箱（而且这种情况还不止一次）。

在新冠疫情前，富兰克林柯维公司每年在全美各地举办数百场现场活动；如果把我们在世界各地的50多个办事处也考虑在内，这一数字要高得多。在我们公司流行这样一种说法："富兰克林柯维的体验是最佳的销售方式。"我们会在当地酒店甚至是客户现场举办早餐或午餐活动，当行业领袖前来参加活动时，就会发生神奇的事情。我们不需要推销任何东西。如果我们只是就我们的领导力内容进行教学，多数参与者都会看到与我们合作的价值，实现其领导者观念和企业文化的转变。体验活动并非我们一家独有，来自不同行业的组织都会在酒店举办许多类似的活动，展示各自的创意和产品。如今，面对面的营销活动与20年前一样，具有强大的生命力和巨大的价值，但是我们应该认识到，目前绝大多数的营销活动都是在线上完成的。在将来某一时刻，这些面对面的活动将会重现生机。作为一种替代方案，富兰克林柯维公司现在主持的网络广播和播客可能比全美甚至全世界的任何组织都要多。

那么，问题来了：你如何让有决策能力的潜在客户注册并真正露面呢？这是很困难的一个环节。一种现象越来越明显，即潜在客户在我们的活动中花费的时间与他们的决策水平成反比；组织活动的人员甚至计划为所有抽时间来现场参加午餐会的人发放"补偿费"。当然，这有点夸张，但也在情理之中。现在每个人的日程都排得很满，需要超负荷工作，疲惫不堪，尤其是那些身居高位的人。令人遗憾的是，高层领导很少在自身学习和发展上花时间。吸引他们的注意几乎是不可能的事情。还有其他办法吗？

富兰克林柯维公司会举办一系列针对高管的活动，仅限受邀人士参加。这种活动通常不会在我们的网站上发布，我们对参与者的资历把关也比较严格。这并不是歧视，因为针对所有级别的专业人士，我们都准备了一系列活动。然而，这一系列活动是专门面向高级管理人员的。他们中的大多数人是如何了解到这一活动的呢？直邮，但不是普通的直邮。我们为我所谓的“婚礼式”邀请精心设计并划拨资金：手写邀请函，装在一个做工精美的信封里，并附上一张让受邀者能回想起参加过的一场最美好的盛宴的卡片。成本很高吧？听起来就下了血本。但是，邀请一位首席执行官或高级决策主管来我们这里做客两个半小时，是无价的。

我们是如何知道这些纸质邀请函是不是起作用的呢？

因为我们做过测试。我们设置了一个高端的注册流程，受邀者需要通过电子邮件或电话进行注册。在线注册对大众来说是件好事，但当这是唯一的注册流程时，受邀者很少或根本没有“参与活动”的机会，他们更有可能拒绝邀请或不出席活动。特别是，如果现场活动或线上活动是免费的，或者成本很低，就很容易被放弃。然而，当我们施行一个实时、高度接触的注册流程时，许多高层参与者纷纷（自行）注册，注册人数令人震惊。你可以按时按点地进行这项活动。我们会在某一天发邮件，计算一下邀请函需要多长时间能通过受邀者的内部邮件系统，最终被送到他们的办公桌上，几乎无一例外地，他们会收到电子邮件或电话提示。邮件派送通常会在早上6点到7点之间，那个时候，其他人（即他们的行政助理）还没有进入他们的办公室。

当潜在客户与我们这边的某个人对接，进行现场注册时，双方就达成了一种默契。拒绝邀请的情况仍然很普遍，但缺席人数几乎为零。这些高管会与我们团队的一名成员进行面对面的交流，他们通常不想让我们感到尴尬，一般都会履约。

数千名高管回复了我们的直邮邀请函，我相信这种线下邮件在营销组合中是可以发挥一定作用的。记住，你需要一份非常准确的提议——有趣、有创意、清晰且有意义。

如果你的直邮快递能够直奔主题，你可以继续跟进；在我看来，这是一种胜算很大的赌注。尤其是现在，在电子邮件和通用数据保护条例

（GDPR）的限制泛滥的情况下，这种尝试的胜算会更大一些。

我有许多其他的例子，说明直邮广告绝对是比较合适的沟通工具，可以取代数字信息交流，或者在许多情况下，是对数字信息交流的补充。在将直邮与电子邮件和电话跟进相结合时，关键要有多个触点[1]。在我职业生涯的早期，我通常会通过3—4个触点，来吸引某位潜在客户的短暂关注。后来，这种触点增加至5—6个。最近，听说触点数已经接近10—12个了。

没有人确切知道需要多少个触点，才能吸引顾客的注意。如果有人告诉你，他知道需要多少个触点，赶紧离他远点儿。这里强调的重点是直邮对许多行业都非常重要。当你足够了解市场机制，找到自己的最小有效市场，可以将直邮与基于现实的买家形象结合起来，并且你正在创建重要的名单，你就可以确定直邮是否可以在你的营销组合策略中发挥作用。

破解营销困局，实现品牌成功：

纸质营销的重磅回归

- 考虑到你的产品或服务的特性，确定纸质营销是否可行：
  - 纸质营销是否会对你的品牌产生不良影响，或是没有意义？
  - 采用纸质营销是否是因为你喜欢这种营销方式，并且假定客户也喜欢。
  - 不采用纸质营销是否是因为你不喜欢这种营销方式，并

[1] 触点是指潜在客户或客户在购买商品之前、购买期间或者购买之后与你的品牌接触的点。——译者注

且假定客户也不喜欢？

- 纸质营销能否打动客户群体，符合他们的喜好？

- 在营销活动中使用纸质媒介时，一定要提高环保意识。
  - 使用可循环利用的再生纸。
  - 为植树活动提供赞助。
  - 用一些环保行动来抵消你的碳足迹。这样做是因为这是正确的事情，而不仅仅是为了从客户那里赚钱。话虽如此，但是展示你的努力是完全没有问题的，这样，可以让客户了解你们的价值观，也能够保证你不会对他们的重大需求无动于衷或自鸣得意。
  - 要认识到这一点：与其他地区相比，美国某些地区对纸张的使用更为敏感。

挑战25

塑造始终如一的品牌标准

你是否有智慧实现品牌强化
与本土化创新之间的平衡？

我每周一去老乡村餐厅（Cracker Barrel）吃午饭，都能强烈感受到始终如一的品牌标准的力量。为什么是周一呢？这个嘛，嗯，因为周一的午餐特色菜是风味烤鸡。十多年来，风味烤鸡一直是周一特色菜。（周三的午餐特色菜鸡肉馅饼也很美味！）配上一些土豆泥、一块饼干和一杯冰茶，你就能得到最好的“工作食疗”，费用大约每小时12美元。相比于理疗师每小时120美元的费用，这个价格算很低的了，但二者的功效基本上是一样的，都可以给我一些安慰，让我内心平静。

我爱老乡村餐厅，不仅仅是喜爱那里的午餐和早餐（他们的乡村商店出售的节日长袜也是男孩们的首选），而且还因为他们所提供的服务始终如一。以前，我几乎每个星期都要出差，我在俄亥俄州州府哥伦布吃的炖肉和胡萝卜与在佐治亚州哥伦布吃的一样。两个地方的味道毫无差别。服务、价格、菜单和就餐环境也一模一样。我将这种策划美学称为“桑福德和儿子的前庭花园”和“米妮·珀尔的厨房”（都是一成不变的样子）。我猜大部分读者根本不知道桑福德和米妮是何许人也，简单来说，这两个人是20世纪70年代美国文化的代表人物。

老乡村餐厅知道怎样保持品牌标准以及如何保持零偏差。一致性是关键，历史上一些非常经典的品牌都证明了这一点，包括麦当劳、佳洁士、百事可乐、盖普、棕榄等数百家品牌。几十年来，每一罐胡椒博士饮料的味道从未变过。每个国家的麦当劳（直营店或加盟店）的芝士汉堡味道都是一个样。

我曾经在亚洲出差10天，一路上品尝了很多饺子、汤面和整鱼。出差第八天，我看到人们在排队购买油炸昆虫（几只油光光的虫子穿在一根扦子上），在我看来，这更像是自然历史博物馆的昆虫学展览，而不是北京的街头美食小吃。由于我从小在西方长大，习惯了西餐，从未见过如此怪异的吃法，简直让我目瞪口呆。那根扦子有20多厘米长，上面串着6只虫子，所有的虫子都油光光的，一字排开，从中间穿入，以最大限度地展现烹饪技巧和视觉吸引力。我更习惯拿着一串串的蜜瓜球、意大利熏火腿、圣女果和马苏里拉奶酪。嘿，我相信很多亚洲游客看到血淋淋的半熟牛排或者一切都要加冰的饮料，也同样会感到震惊，这就是所谓的“萝卜青菜各有所爱”。突然间，我迫切需要一些美式食物。我想吃麦当劳的芝士汉堡。

诚然，我每年去麦当劳就餐的次数可能不到5次，通常是在匆忙中吃点儿快餐。但在我亚洲之行的最后一站日本，我对美式食物的渴望远远超过了我对健康饮食的需求。

哎呀！我和大卫·柯维（我当时的上司）偷偷溜进一家麦当劳，发现了“极乐世界”。所有东西跟我们在家里吃的一模一样，味道没有任何区别。当然，你也可以点寿司和其他一些当地美食，但重点在于，两个美国人在东京觅食，找到了一点儿家乡的味道，聊以慰藉，继续前行。除非你也有类似的经历：从小吃美式食物长大，然后吃了足足8天的整鱼（不去鱼头和鱼尾的那种），请不要因为我不敢尝试新食物，而对我妄加评判。当然，品牌标准不仅仅局限于食材和菜单的选择。品牌标准涉及与客户的一切交互活动，从在线体验、商店布局到收银方式和结账体验。

还有一个例子：我是达美航空公司的狂热粉丝，30年来一直是他们忠实的旅客，我在这家公司的航空里程累积达200多万英里。达美航空就是一个极好的例子，它将品牌一致性融入到客户的每一次体验中。说实在的，我没有他们的准点到达数据，但这家航空公司可以让我始终体验到一流的客户服务，无论是在爱荷华州的得梅因、法国的巴黎，还是澳大利亚的悉尼。有例外吗？当然有。但我的一贯体验是，在航空业中，达美航空的客户服务可以与大多数航空公司相媲美，甚至可以说是最好的那几家之一。如果你30年来几乎每周都要出差，在一个偏僻的机场看到达美航空客服人员标志性的红色外套，这种场景会带给你极大的心理安慰。

在我看来，大型跨国公司实际上更容易与他们的合作伙伴建立（并实施）品牌标准。如果你在路易威登或万豪工作，你的着装和服务方式都是始终如一的，没有例外。如果你在迪士尼公司工作过，你就应该参加过他们的传统迎新课程；这是一个要求所有“演职人员”都要参加的多天沉浸式体验课程，不论你的级别高低，也不管你是在公园、游轮、当地零售商店还是在办公室工作。我之所以知道这个课程，部分原因是因为20世纪90年代，我曾在迪士尼开发公司工作。

初创型小规模企业在建立和维持品牌标准方面会遇到更大的困难，在这些企业中，个性化经营不仅备受推崇，而且往往对企业生存也至关重要。这些企业的合伙人通常头脑比较灵活，为了企业更好的发展，他们调整和测试新想法、产品和服务的速度通常会快于企业总部跟踪的速度。当你发现并试图对实际操作的新电子邮件模板或自制宣传册进行规范管理时，当地的销售代表已经转到了另一个领域（他们已经掌握了尽可能长时间巧妙避开公司规范的艺术）。我知道这一点，是因为我以前也这样干过。为了避免墨守成规式的营销困局，你要理解他们的创新需求，并围绕这些授权级别与合作伙伴保持持续的沟通。因为在没有“围栏”的情况下，很多合作伙伴会偏离既定的方向，把你的品牌搞得不伦不类。

也许你可以把团队召集起来，试着这样与他们沟通：“如果想要扩大规模，我们需要意识到这一点，即我们鼓励创新和试验新想法的文化，另一方面，在这种文化中，我们要打造始终如一的品牌体验。当我们中的任何一方在任何一个方面走极端时，每个人都要对以上两个方面保持高度的认知。让我们来讨论一下在哪些情况下我们可能会走极端……”你是否听过你们公司的首席营销官给出这样的提议，或者你自己是否有过这样的提议？或许没有吧。品牌标准对企业的可复制性是至关重要的，可以给所有企业插上腾飞的翅膀。

建立和维持品牌标准既是一门艺术，也是一项技术。大型连锁餐厅的一些最具标志性的产品，如巨无霸汉堡，最初是通过一家特许经营商实地制作出来的，而后才在更大的组织中被采用和广泛推广。作为企业营销部门的领导，你要有一种全局意识，你负责分公司的行政、立法和司法工作，即制定规则、解释规则、执行规则。但是需要警惕这一点：如果你表现得过于高压，压得现场人员喘不过气来，他们会继续做一些偏离品牌推广的事情（只是他们不会告诉你而已，等你发现为时已晚，不论做什么，都已无力回天）。但如果你能让他们放心地向你提出想法，认识到创新的命脉来自那些与客户关系最密切的人，你就能建立起一种势不可挡的统合综效效应，每个人都能尊重彼此的见解、观点和职责。

即便是较大的企业，也必须在执行一致的品牌标准和允许一些“本地化”创新之间找到平衡。在我当时出任富兰克林柯维公司的首席营销官时，我们的团队接手了一个久负盛名、精心管理的品牌。如果你是一名企业员工，在洛杉矶的一家化工制造厂参加了为期两天的“信任的速度”工作会议，这个会议很可能与密西西比州一家电力公司或世界各地如欧洲或非洲的任何组织开展的“信任的速度”工作会议非常相似。

品牌和声誉是我们最宝贵的一部分资产，在你的企业中很可能也是如此。

我最初的举措之一是对我们全球的同事进行再培训，统一我们的品牌标准，包括字体、颜色、徽标、标语，以及印刷或数字应用过程中可能需要本地解释的任何其他内容。由于我们公司数百名销售人员的薪酬都是提成制，因而他们在创造营销资产以推动销售或支持客户时，往往有些太过创新。由于我做的第一份工作就是销售，因而我对这种做法深有体会。但是，当你走进诺德斯特龙百货商店，你能看到桌上摆满了当地编织的围巾（据说是当初这家鞋店的老板的手艺）吗？当然不能，因为这是手工艺销售网站易集（Etsy）的风格。虽然低分辨率的激光打印机打印出来的宣传资料在孩子们的生日聚会上宣传效果还不错，但富兰克林柯维公司的最新方案却并非如此。建立并保持可识别的品牌价值，设定品牌标准至关重要，同时也要允许并授权其他部门的同事根据其接触客户和竞争对手的情况进行创造和创新，这两者之间存在微妙的平衡。这通常是突破性发明和颠覆性的商业模式的生命力所在。

为了防止“流氓激光打印机”操纵我们的全球品牌，我们制定了一项大胆的策略。我们的团队对每一张营销幻灯片进行重新设计（有数百张），并将其格式进行统一，以适合订制尺寸的纸张。定制的纸张只在我们的仓库里有库存，这意味着在标准的8.5英寸×11英寸的纸张上打印的自制插页无法放入新公司宣传册的订制手册中。几天之后，当地的设计工作就停了下来，大量的家用打印机也闲了下来，只能用来完成普通的打印任务了。

这一策略非常有效，因此我们又采取了进一步措施。我们的中心营销团队深知倾听实地需求是一项至关重要的能力，于是打电话给众多销售部门的同事，询问他们缺什么，即需要什么来实现他们的目标和承诺。我们对了解到的情况进行了分析，并确定哪些需求可以集中解决。我们提前几个月就开始准备年度销售会议，从首席执行官到前台接待员，所有的公司员工都要来参加此次会议。我们的团队制作了一套定制的品牌标准工具包，其中包括新设计的特厚名片、一套与每位同事的姓名和联系信息相匹配的订制便笺卡、一支公司钢笔和一本印刷的小册子，上面清楚地阐明了我们公司的全球品牌标准，从如何将我们的标志放入客户的提案到批准的电子邮件签名，各种标准，应有尽有。我们还在小册子中加入了“总部通讯录”，以便每个员工在寻求总部的支持时，可以快速地联系到相关人员。

年会活动的反馈非常好（并不总是普通公司年会那种氛围）。我们完全没有预料到公司品牌自豪感有了如此巨大的提升，不仅是因为品牌标准工具包设计精美，而且是因为每个工具包都是私人订制的，覆盖了公司的每一名员工。不论其职位如何，所有人都收到了品牌宣传工具包。有些为公司工作多年的老员工之前都没有名片，更不用说订制的便笺卡了；当他们看到其专属的名片和便笺卡时，心中会燃起更大的自豪感。一名刚入职的新员工手里拿着他们的新名片（可能是人生第一张名片），这是一个令人终生难忘的场景。我仍然记得我拿到自己的第一张名片时的场景，我相信你对自己的经历也记忆犹新。

当我路过一个同事暂时空置的办公隔间时，我看到那个蓝色的工具包还放在她的桌子上，又让我想起了当年组织的那场年会活动。我真的早就忘了。这是我的团队在我的任期内开展的数百个品牌宣传项目之一。这个同事现在还保留并使用着这个工具箱，这提醒我，市场营销不仅仅是一个部门在战斗，虽然公司每个人都对品牌负责，但是营销部门必须要先制定并阐明标准。这种标准的制定同时也需要寻求一种平衡。为此，可以借鉴日本剑道的剑术的古老智慧，即握剑要像手里握着一只小鸟，既不能握得太紧，否则会让小鸟窒息；也不能握得太松，否则小鸟会飞走。

破解营销困局，实现品牌成功：
塑造始终如一的品牌标准

- 敏锐地意识到营销在你当前的文化和组织中应该扮演什么样的角色，根据日新月异的全球变化趋势：
  - 在顾及一定程度的实地创新的同时，确定你在保持品牌标准方面获得了多大的成功。
  - 根据业务和品牌的需要，调整你的观点态度、沟通方式和高压手段的程度。
  - 如果条件允许，组建一支小团队或委员会，赶在现场人员自行制定解决方案之前，实时了解现场产生的需求以及必须要解决的问题。常言道："良言一句三冬暖，恶语伤人六月寒。"以和颜悦色的方式待人，让人收获像蜂蜜一般的甜蜜，而不是酸溜溜的奚落。

- 有意识地创造一种文化，在这种文化中，人们可以毫无顾虑地谈论挫折、需求以及各种有助于企业发展的愿景。"彼此对立"的企业文化一旦形成，带有隐喻性的激光打印机就会从仓库里出来"作妖"了。

挑战26

评估展会策略

你是否沉迷于所在行业的展会传统?

恕我直言，参加展会真的没什么用处；身体上的疲惫就不消说了，你在展位上连着站了3天，等待一个合适客户的出现，让他在你的展位上停留片刻，用你的产品惊艳到他。但是，这个人从未出现，甚至你都不知道他是否真的存在。这一策略产生效果的概率跟在拉斯维加斯轮盘赌中，押中单个数字的概率差不多。在没有战略规划的情况下，参加展会完全是浪费时间。要认识到这一点：展会是会议组织方或协会重要的收入来源。展会是一个泡沫式的虚循环，请名人来演讲，拟定一个朗朗上口的主题，请一支著名的（但没有多大意义的）乐队举办一晚的演唱会，所有的这些都需要实实在在的会务支持服务。

声明：本章写在全球新冠疫情之前，但我有一种非常强烈的预感，我在此阐明的原则在不久的将来会再次发挥作用。

展会组织方会随之推出展会注册服务，吸引行业供应商前来（有人欢喜有人忧）展示他们的产品。供应商要租用会展场地，每个人都抱着最好的期望前来参展。如此这般，年复一年，无休无止。

也有几个例外，好吧，或许只有一个，即消费类电子产品展览会（CES）。拉斯维加斯的消费类电子产品展览会是一个全球性的展会，新技术在这里展示，各家厂商百家争鸣，推出各种技高一筹的方案和预算。对每家参展商来说，参展都是一个“不鸣则已，一鸣惊人”的机会。如果你不去参加这个展会，你就不属于这个行业。

展会组织方及其组织的会议为其会员提供了职业发展和社交平台，我对此表示深深的敬意。我每年也会参加几场展会。但是，展会带来的效果如何呢？也就那么回事儿啦！通常情况下，展会给人这样一种感觉：参展商参会的原因更多的是为了查看其竞争对手的情况，感知和把握市场格局，而不是为参展人提供有价值的信息或产品。诚然，参展商会准备各种小玩意儿，当作纪念品送给参展人，你可以“满载而归”，对你的孩子来说，这可是一笔巨大的财富；但是，你本可以去逛一逛家居店，也一样可以买到这些小玩意儿，还能节省不少时间呢。话虽如此，但是如果收到邀请，我还是会在你们组织的展会上做主旨演讲，竭尽所能，为雇主提供最佳的服务。说真的，我的演讲会燃爆全场，咨询联系我的宣传代理人即可。

但是，如果你做好规划且执行得当，参加展会也有好的一面。无论在哪个行业，所有的企业组织在展会方面，都面临着类似的问题：我们应该去吗？这次展会值得参加吗？真正的投资回报率是多少？如果我们不去参加，会有怎样不良的影响？会损害我们的品牌吗？我们会被忽略吗？参展的资金用在其他地方是否会有更好的效果？如果我们真的去了，怎样才能保证我们前去参展的8位同事不虚此行？

参展还是不参展，这是个问题。

此外，还有几十个问题需要考虑，我们要衡量展会的价值和商业回报，鉴于对公司品牌的影响，确定是否有必要参展。为了从营销混乱到品牌成功，在某种程度上，品牌、品牌、品牌问题需要转化为收益、收益、收益！（重要的事情说三遍。）记住，你不能把品牌存入银行，用它来支付员工的工资。品牌或许是一种手段，但不是最终的目的。在你怒发冲冠并对我横加指责之前，请记住挑战25“塑造始终如一的品牌标准”完全是关于品牌的探讨，所以让我们继续。

考虑到上述所有问题，一种选择就是根据你的战略规划，赌大一点，然后再加倍下注，只是为了肯定自己的选择。听起来很疯狂的样子？好吧，我就是这样做的，让我来说一说当时的情况。

有一年，我们公司有4家展会竞标，我们决定全部参加。我们在人力资源管理协会（SHRM）押下重注，为此，我们花了几个月的时间，集思广益，做好战略规划。我们召集了整个营销部门，并回顾了之前的展品，梳理出得失成败。我们对从竞争对手那里看到的东西进行了探讨，甚至还拓展到了本领域之外的其他展会，讨论了不同行业的展品。我们对各种意见和模型进行了严格讨论，甚至还鼓励那些值得探讨的、天马行空的建议。最后，我们上演了一场压轴大戏。

这是一场令人叹为观止的精彩演绎。

我们用亚马逊的产品Kindle建起了一堵巨大的幕墙，共用了200多个“金读之光”（Kindle Fire）平板电脑。每个Kindle都通过一根穿过背面的电线点亮并充电。如果你年纪够大，还记得20世纪70年代的游戏节目《集中精力》（*Concentration*），你就能大致知道这个节目是个什么样子的，类似于年轻一代都比较熟悉的益智类问答游戏节目《危险边缘》（*Jeopardy*）。此外，所有Kindle都经过编程，显示富兰克林柯维公司的大量图书封面，并来回切换；然后在恰当的时刻，合成一本书。这的确是一场视觉盛宴。当我们在会议上布置展厅时，其他供应商走过来，羡慕地盯着那面巨大的幕墙和同步展示的技术，惊讶得说不出话来。我们的前任营销负责人兼顾问柯蒂斯·莫利（Curtis Morley）开发了一款定制应用程序，对这些Kindle进行编程控制，实现同步展示。这人真是个天才！

把这个平板电脑组成的幕墙想象成一个巨大的广告牌，展示我们许多标志性的畅销书。后来，为了让展览效果更上一层楼，我们把所有的Kindle都送了出去！所有参展人都领到了一张附有定制奖券的打印卡（设计与Kindle一模一样，上面印有其中一本书的封面），参展人可以通过扫描奖券，赢得真正的Kindle。前一天晚上，我们花了7个小时时间，在主礼堂定制包装了一万多个座位，并发布了这样的信息：“请来3809号展位，参观富兰克林柯维公司，了解有关我们解决方案的更多信息，并有机会赢得一台亚马逊Kindle，现场有204台Kindle等你来拿。”《从优秀到卓越》等著名商业图书的作者吉姆·柯林斯是那年大会的开幕主题演讲嘉宾，因此全场座无虚席。

在看到数千人在主礼堂打开邀请函之后，我们的团队成员回到了展厅的展位上，怀着期待和恐惧的心情等待着。会有人来吗？会有人在意吗？

我们确信，如果能够吸引人们来到我们的展位，我们就可以利用这宝贵的几秒钟时间，在扫描他们可能会中奖的奖券的空档，进行简短而有影响力的对话，推荐他们公司采用我们的解决方案。

我们对自己的计划非常自信，甚至在公司的健身房针对现场的秩序和对话进行了排练。我们进行了超乎常理的计划，盘算着人们会有何种反应，以及我们如何将可能出现的数千次对话转化成销售团队可以跟踪的潜在客户。

这将是一次营销壮举。

主题演讲结束了，我们10个人在精心安排的位置上就座。两台电子扫描仪已经过测试，准备揭晓中奖名单。我们用6米高的梯子把Kindle从幕墙上取下来，这样路过的人就能看到真的有人中奖了。我们的计划（希望）是，在3天的时间里，会有足够多的参展人来我们的展位，扫描他们的Kindle奖券，至少能够送出50%的Kindle。我们会让每位中奖者在他们的社交媒体上发布一张中奖照片，将活动的范围扩大到展会之外。事实上，我们仔细考虑了每一个细节，既包括现场情况，也包括展会结束后如何保持宣传的势头。

这不是一次壮举。

这是对壮举的超越。

足以载入史册，名垂青史。

主题演讲结束后，展览的大门打开了。参展者开始涌入宽敞的大厅，几乎所有的人都来到了富兰克林柯维公司的展台前。想象一下，黑色星期五促销期间，焦急万分的购物者等待着商场开门，我们当时看到的就是这样一种场景。几分钟内，就有数千人聚集在我们的展位旁边，拿着他们的奖券，询问活动的真实性和中奖方式。我清楚地记得，当第一声铃响，富兰克林柯维公司的团队成员齐声高喊："第一位中奖者诞生啦！"数百个Kindle完全同步，闪烁着富兰克林柯维公司的图书封面，围观的人群都张大了嘴巴，瞪大了眼睛。这种情况整整持续了3天，中间没有任何间断，我们的团队扫描了8000多张奖券。

实在是太疯狂了。在我们展位前排队的人数足足有几百人。由于排队人数太多，我们不得不让人们排成两行，沿着主走廊一直排到展厅的门口。从理论上讲，效果很棒，但数百人排成两行，挡住了其他的展位，这并不是我们的本意；所以，这么说吧，惹得我们邻近的参展商都不太高兴（即便在会后给他们送上免费的Kindle也不能缓解他们的不满）。奖品引发的群情鼎沸的场景持续了整整3天，每个人都有所收获，有人获得了Kindle，有人获得了安慰奖，即一张免费的认证券，允许获奖者在其组织内部担任富兰克林柯维公司的培训师，并给予他们认证。

然而，我们并不知道，展会管理团队正在楼层上方的观察室（我甚至不知道还有个观察室）里观看我们展位前的壮观场面。他们来到展厅，告诉我们，消防局局长正在赶来，我们需要解散排队的人群。

什么！消防局局长？在我们展位前排队的人们有人身安全威胁吗？开玩笑吧？人力资源管理协会的工作人员实际上对我们的展位非常感兴趣，他们不知道这种情况应该怎样处理（事实上，他们在这种情况下也是很棒的合作伙伴）。我们尽最大努力维持现场秩序，腾出空来，让人们尽可能迅速而顺利地穿过队列。这不是一件容易的事，因为当我们的团队成员分发关于组织问题和我们的解决方案的公司手册时，整个展厅约有8000人正在高谈阔论，人声鼎沸，好不热闹。

这太神奇了，活动效果超出了我们最疯狂的预期。你可以在我的个人网站上观看整场活动的延时录像。

那么，你认为展会是困局，还是成功呢？这取决于你从哪个角度看待它，以及你的战略目标是什么。品牌认知？从满垒、第九局上垒到本垒打，赢啦！收入进账？投手还站在投手丘上呢。

展会结束6个月后，虽然只有不到10人领取了免费的认证券，但有超过80%的参展人来到了我们的展位，与我们公司就其业务需求和我们的解决方案进行了一定程度的交流。我们怎么知道这个比例是80%呢？因为共有一万人注册，我们扫描了8000张Kindle的兑奖券。毫无疑问，这些人带来了数百个新商机，最终由我们的实地销售人员负责跟进。成功与否取决于你如何定义成功，当涉及展会的投资回报率时，不要自欺欺人——确定能否成功比你想象的要困难得多。像我一样，你也应该提高警惕，了解会展结束的3个月、6个月和12个月之后（取决于你们销售周期的长短）的投资回报率，因为你通常要将对潜在客户的控制权转交给销售团队，由他们建立客户关系管理（CRM）文档。如果在展会活动结束后，营销部门和销售部门不能实现合作，一切都是无稽之谈，这就是为什么大部分首席营销官的任期仅有短短的4年。正如我在本书中一直强调的，营销工作主要是实现业务发展和增加业务收入。虽然强大的品牌知名度至关重要，但你不能把它夹在你的银行存款单后面。

我们的Kindle幕墙是否为我们建立了品牌知名度？当然啦。

它是否为我们的销售团队建立了一个销售管道？当然啦。

我能确切地告诉你，这次活动结束后的12个月，我们获得了多少收入吗？

当然不能。

但我可以告诉你的是，8000名参展人现在不仅拥有富兰克林柯维公司的产品目录，而且还拥有一张免费认证券，允许他们在其组织内部担任富兰克林柯维公司的培训师，教授目录中的所有解决方案。我认为，这个名号实际上是一种指引，让销售人员继续跟进也是水到渠成的事情。

为了强调其重要性，我要再说一遍：衡量营销活动的投资回报率在很大程度上通常取决于销售人员从你组织的特定活动中获得的销售机会和收益。展会是促成销售业务的因素，还是从客户层面到企业层面转变的一次机遇？这次展会是否开启了一场意料之外的、首要层面的对话交流（如果没有展会，这场对话就不可能发生；经过一年的时间，销售人员早已不记得这次对话交流是展会带来的成果）？相信你已经明白了。完成销售人员的客户关系管理文档，并不完全是营销部门的责任。但是，如果你想为明年的展会（或其他替代性策略）筹集资金，你就要投入大量资金，确保数据尽可能准确。当然，这是假设销售和营销处于不同的部门（总是会造成某种程度的文化和政治对立），但如果你想证明你的营销计划的投资回报率，你必须认真理解数据所呈现的内容，不论数据来源是你的团队，还是其他渠道。

我可以分享更多来自展会投资的成功经验，但正如我所说，与成功相比，我们从困局中学到的东西会更多一些。成功过程中的很多故事，更适合一边喝酒，一边分享。这就是你可能会陷入展会困局的原因，即这场盛会可以轻而易举地让你的战略黯然失色。展会是一项棘手的营销投资。投资太少，会给人一种凄惨的感觉；但是投资太多，受众看到的可能只是那些浮夸的表演，而非实质性的内容。为了帮助你破解展会困局，实现品牌成功，在你投身下一场展会之前，这里有一些需要考虑的重要问题：

- **确定参展的原因，并全方位考虑你能有什么收获**。问一问自己为什么要参加，需要达到什么标准，才能确保这是一项成功的投资。
- **审查你的投资**。在你做出承诺之前，先退一步，想一想这些投资还可以用在哪里。是否有其他方式，可以参加类似的展会，来进一步实现你的目标？
- **认识到位置的重要性**。你的展位在展厅的位置有多重要呢？我认为位置没那么重要，除非你租用很大一片地方。因为人们会来回闲逛，特意去找你，或者大部分时候无意中发现你的展位。
- **明智地分配你的投资**。你的预算中有多少用于实体结构、营销宣传品、样品、展示或赠品？那样分配合理吗？

- **不走寻常路**。如果你决定向所有经过你展位的人提供某种物品（我强烈建议不要这样做），请花大量时间做好物品设计。到处都是薄荷糖、签字笔或软糖，没人感兴趣。如果物品不能激励参展人在接下来的一周里主动访问你的网站，或者回复你的电子邮件或电话，那就放弃这个想法，考虑其他更好的办法。
- **明确你的价值主张**。你的价值定位和信息传达在展位上有多显眼？有人能在3秒钟内说出你提供的产品或服务内容吗？信息传达的方式是否会吸引他们的注意，让他们停下来承受与人交谈的风险？毕竟，在下一场次开始之前，他们可能需要打发一些时间，不要给他们一种被劫持的感觉。你所传达的信息不仅仅是公司的名称。米勒&合伙人（Miller and Associates）对参展人来说毫无意义——他们不在意你用自己的名字给公司命名。你可以用巨大的字体传达信息："30天内让你的公司实现无纸化办公"——这就很有意思了。
- **认识到"撒网捕鱼"的局限性**。如果你的策略是撒网捕鱼，而非用鱼叉捕鱼（你必须做此选择，否则就无法举办展览），这对你的整体设计、产品提供和活动交流有什么指导作用？如果你只进行了30秒的对话交流，就扫描了300个徽章，这完全是一种浪费，你租手持式扫描仪所花的500美元就打水漂了。一周之后，当参展人回到自己的办公室，可能会接到其他200家展商的信息轰炸，他们怎么能记得你，又怎会在意你的后续跟进呢？
- **制定后续跟进策略**。没有人（包括所有人）会自己打电话给你。我知道，当你们微笑着畅谈，直至开怀大笑，甚至拥抱时，你与他人之间就产生了一种特殊的联系。参展人与你（参展商）是不同的，当他们登上返程的航班，早就忘记了曾跟你有过交流（虽然他们也曾为你递上过名片……那只是在其他展位分发的100张名片中的其中一张）。你要面临这样一个残酷的事实：他们既不会打电话给你，也不会接你的电话。现在已经不是1988年了，你的潜在客户也不会再接你的电话了。难道你会接几个陌生电话的呼入？又会回复几个陌生的电子邮件？现在，98%不明来历的邮件都会被自动归为垃圾邮件（而且，现在大家都越来越聪明了，知道你发送的内容属于虚假的个性化信息，你的营销自动化系统可以对信息进行清晰的定位管理）。那么，面对如此令人沮丧的情况，你将如何打破僵局，确保你能利用展会带来的契机，与潜在客户重新取得联系呢？是否可以约定一个时间，安排一天的时间，进行后续的电话跟踪？你能否为他们提供一些需要下一步才能完成的东西？你能否在社交媒体上联系到他们，或者把一些纸质的东西寄到他们的办公室，提醒他们之前与你达成的默契，并鼓励他们参与进来？你对自身行业与受众最为了解。要务实且有创意，因为90%的价值来自展会之后，而不是展会期间。

我是不是扼杀了你的展会策略？这真的不是我的本意。但是，要仔细考虑你的期望、策略、措施和结果，这是避免陷入展会困局的一个可靠方法。如果你从本章挑战中只学到了一样东西，请记住：客户姓名不一定是潜在客户，不应该将其载入你的客户关系管理系统，也不应将其作为结果进行规划，让销售人员进行后续跟踪。对于营销团队应该继续支持的方面，以及值得销售团队花时间去跟进的工作，在设定相关期望时要慎之又慎。

此外，展会往往会诱使参展商进行大张旗鼓的宣传，而不是精心制定深思熟虑的策略（包括会前、会中和会后）。虽然你在展位上送出了数百支笔，但实际上没有人会真正用其中一支，与你签署任何真正意义上的合同。对于展会，我们所恪守的原则不是“不鸣则已，一鸣惊人”，而是

“要么精心准备，要么不去参加”。不是所有人都有204个Kindle的预算，但这也意味着你的策略永远不应该仅限于展台上的那两个鱼缸：一个用来装奶油糖果，另一个用来收集名片。

破解营销困局，实现品牌成功：
评估展会策略

- 通过明确目标和调整期望（包括公司内部晋升），勇敢地面对展会投资可能带来的回报。
    - 如果你以为可以在现场签订合同，那是痴心妄想。
    - 如果你认为在展会期间获取的联系人姓名中，20%都可以发展成为潜在用户，那就太天真了。
- 不要想当然地认为展会上的任何东西都是免费的、被允许的或有可能的。
    - 向展会赞助商尽可能多地提出问题，以确保你不会因成本或限制而措手不及。
    - 展会上的成本陡然攀升是一种必然事件。你不仅需要花钱租地毯，还可能需要花钱除尘。
    - 运送物资（尤其是你在第一天物资耗尽，需要紧急补充时）会大幅增加你的预算。当你得知你必须支付工人每小时60美元的费用，才能将箱子送到你的展位时，你的预算又会增加不少。制定预算，并对项目进行相应的规划。
- 当你得知自己无法搭建展位，或者无法将自己的宣传资料从车内运送到展位时，你也要提前为支付工人的费用做好预算。

- 看一看在你所在城市举办的当地展会，购买一张单日参展证（多数展会都会售卖这种通行卡）。什么行业的展会不重要，最重要的是去参观学习。

挑战27

灵活应对全面数字化

你做数字决策的流程是怎样的？

市场营销人员不可能深入了解所有数字化的事物，更谈不上精通了。我们必须采用多种一体化的数字技术和平台，种类之多，令人眼花缭乱。当你完成了最新的客户关系管理系统（我之所以说“最新”，是因为这个系统会永远处于更新状态，这是一件可悲的事情），你需要为你的网站确定平台（情况很少不会出现变动），然后开始选择你的营销自动化服务。接下来是联系社交媒体的信息汇集公司和经销商，如此下去，永无止境。

如果你的职位名称有“营销”二字，那么，你的收件箱会被各种不同的软件供应商的邮件塞满，你根本无暇顾及这些邮件。他们推销的东西如出一辙，而且总是容易让人产生一种感觉，即这些东西比你现在使用的要好一些。他们利用了我们每个人都有的“错失恐惧症”（FOMO），利用了我们的不安全感，因为我们的营销技术堆栈[1]并没有达到其所能达到的最高程度。

你开始设立“地理围栏[2]”了吗？不知道“地理围栏”是什么？基于不断推出的新技术产品，在几天或几个小时内，一些新推出的科技产品就可能让你一头雾水。我们自己都看不懂产品预测分析，又如何向别人销售东西呢？

尽管如此，我们还是要想方设法去应对。

有大量的书、网络研讨和播客，专门介绍各种营销工具，所以如果你想深入研究每一种工具，我祝你好运。亚马逊公司将会很乐意把你纳入麾下，让你在其网站上进行相关培训，每小时要付18美元的费用。在此，我并不推荐你掌握所有工具，而是明智地建议你选择其中一些通用的工

---

[1] 是一组基于技术的工具（如SaaS平台、传统软件、社交媒体工具等），营销人员可以通过多种渠道高效和有效地执行营销活动。——编者注

[2] 地理围栏（Geo-fencing或geofencing）是LBS的一种新应用，就是用一个虚拟的栅栏围出一个虚拟地理边界。当手机进入、离开某个特定地理区域，或在该区域内活动时，手机可以接收自动通知和警告。有了地理围栏技术，位置社交网站就可以帮助用户在进入某一地区时自动登记。——编者注

具；慢慢起步，逐步发展。

这些数字工具的设计细致入微且极具专业性，所以多数大中型企业都在招聘只专注于特定领域的人员。营销团队的成员负责深耕各自负责的技术渠道，如搜索引擎优化（SEO）、社交媒体、营销自动化、电邮广告设计等。是的，他们必须要与他人协调和合作，但考虑到个人自身影响力的提升，他们越来越需要选择一项作为自身的专长。

就像为人父母一样，你做得到并不意味着你应该去做。当你出售商业贷款时，你的公司真的需要Snapchat（阅后即焚的照片分享应用）账户吗？你确定你的园林绿化业务需要发布TikTok（短视频社交平台）视频吗？在开始之前，你需要知道你的用户在哪里，他们喜欢哪些技术平台。你真的需要企业HootSuite（社群媒体管理工具）账户吗？或者你可以暂时使用免费的Buffer（一个营销自动化工具）账户？你会选哪一个？或者二者都选？

为了帮你走出这种无穷无尽的迷宫，本章挑战的剩余部分将分为两大理念：数字决策和职业决策。

第一大理念：数字决策

我不是某个数字营销特定领域的专家（大多数首席营销官都不是），但在采购、访谈、确定选择标准、获取资金、签订合同、执行方面，我都拥有丰富的经验；或许（有些令人尴尬），我也经常采用下一个“合适的”解决方案取而代之。考虑以下建议：

深谋远虑。我见过无数公司和企业选错首个数字解决方案，可能是他们的网络平台、客户关系管理系统、营销自动化系统等。与个人生活类似，对我们中的许多人来说，我们做出的最重要的决定是选择我们的配偶或生活伴侣（你的大部分痛苦和快乐将来源于此），你的营销职业生涯也会面临同样的问题：你能在第一次就做出最好的决定吗？我曾经听到过离婚的人将第一次婚姻的伴侣称为原配夫妻。这是一种悲伤，还是一种戏谑，由你来定；但是，对很多人来说，这是一种情感创伤，也是一次昂贵的教训。同样的道理也适用于营销技术。对于所有的数字决策，在制定选择标准时，要小心谨慎，深入细致地考虑各种因素。这是挑战15“与竞争对手为友”的另一个原因，不要受供应商的蛊惑，吃了大亏。供应商往往会在签署3年订阅协议的两周后，推出一些花里胡哨的功能和所谓的“必备插件”。

不要提前过度购买。抵制住折扣、特惠的诱惑，如果一开始没有大买特买，也不要感到遗憾。不要第一次怀孕就想着孕育八胞胎；三胞胎就足够让大多数父母折腾的了，足以让他们陷入忙乱的深渊，更不用说一胎八个孩子了。放慢“生育”的脚步，从小处着眼，一步一个脚印，找到自己的数字解决方案。我看到一些营销者会在推销过程中过度购买看似“生死攸关”的附加产品，这是不可避免的。但是，两个月后，当这些东西能够真正派上用场时，你可能就不想再用了。因为坦率来讲，你必须要回到自己的日常工作正轨，你可能没有时间使用这些插件功能，因为你不知道什么时候日程安排中突然能空出那么几个小时的时间，可以让你使用这些附加产品。这两个时间是对不上的。当然，这里存在一个平衡，因为你的工作是与那些到你这里拉拢生意的供应商进行沟通，确保他们能够理解你的战略和正在努力实现的目标。但与此同时，你也要认识到这一点：这样的供应商很希望你一整天都在使用他们的工具，但这是不可能的事情。所以从小处着眼，不要过度购买。供应商可能会采用危言耸听的手段，进行大肆宣传，“机不可失，失不再来”，让你感觉此刻购买附加产品比较实惠，不买就是吃亏；不管怎样，要少买一些，以后再扩大规模。大多数（或许是全部）数字供应商的商业模式都是订阅制，提前加载（于他们而言）是一种巨大的优势。

掌握并充分利用手里的资源。只添加那些你认为必需的东西，忽略除此之外的一切嘈杂和干扰。你是否拥有客户关系管理系统，其功能是否齐全？如果你还没有在客户关系管理中收集所有客户互动的数据，就不要添加电子邮件营销工具。你是否拥有一个容易查找且浏览方便的有效网站？你的分析能否清晰地描述当前的状况，是否会影响你的设计？你是否会对这些分析进行认真的追踪？你的社交媒体营销工具是否已经启用并正在运行？它们是否提供了你需要的数据，让你做出更好的前进决策？

相信你已经明白了。除非你目前的技术已发挥出了其全部潜力，否则不要考虑将其加入你的技术堆栈。这就好比你还没有买球网，也没有篮球，甚至你的孩子还垫着尿布，你就开始布置篮球场地，在球场外挂上了灯。

你的错失恐惧症不仅会让你失去“先下手为强”的优势，还会让你浪费数百个小时的工作时间，分散你的注意力，浪费大量的预算，甚至会对你的信誉造成不良影响。有些供应商总是会向你的工作邮箱和领英收件箱里发送垃圾邮件，在你同意与他们电话联系之前，问一问自己：在目前投资的事情中，有什么需要在优化之前加以完善、整理或精通的吗？很多时候，在营销人员发现现有技术完全为其所用之前，或者甚至在他们知道如何使用之前，就已经陷入了超负荷的困局之中。

第二大理念：职业决策

认识到这样一点：你永远不可能精通所有的数字营销工具、软件、集成器或优化器；每个从事营销工作的人都面临两种职业道路选择：专精人才或跨界通才，而且许多人不知道他们现在走的是哪条道路。我建议你慎重地做出选择，而不是去碰运气。

让我们来谈谈你的职业决策，因为它们与营销的数字化世界有一定的关系。我认为营销专业人士分为两种类型：专精人才和跨界通才。这是我从大卫·艾普斯坦（David Epstein）的另一本书《成长的边界》（*Range*）中获得的灵感。根据我的经验，在营销领域的道路选择方面，并不存在孰优孰劣的区别，但你可以找到适合自己的道路。而且，专精人才可能会变成跨界通才，反之亦然。但读到此处时，你应该知道哪一种情况最适合你，并清楚地知道自己是有意选择这条道路，还是无心插柳。

我曾有一位共事20多年的同事，她是一个跨界通才，在营销战略方面学识广博，是那种典型的博而不精的职业人士。对于她自身而言，这也是一个很好的策略。后来，经过我的建议，她开始有意在营销自动化、数据库管理、电子邮件设计和投放方面培养自己的专业特长；这是三个相互关联的领域，但与整个营销组合中其他数十种策略相去甚远，这些营销策略的工具之间具有一定的相关性。不到3年时间，她已经可以在营销行业的所有专家面前侃侃而谈了。3年前，像我一样，面对同一种话题的讨论，她只能随声附和。在将近50岁的时候，她实现了从跨界通才到专精人才的转变；在我看来，这种职业技能的专注极大地提升了她在公司内外的地位和营销能力。

与之相反，我也曾与一位30多岁的社交媒体专家合作。他踌躇满志，对所有数字化的东西都充满了好奇，对在市场方面的科学分析也很感兴趣，比如客户的购买行为以及他们如何推荐别人购买。据我预测，10年后，他会成为营销团队的领导，身兼数职，而非仅限于社交媒体的工作范畴。如果他有这方面的意愿，他可以实现从专精人才到跨界通才的转变，走上通往高层管理者的道路。

有些读者可能会认为专精人才或跨界通才都不适合自己。也有这种可能。由于我们素不相识，我不会建议你选择哪条道路或者两者都选。然而，我认为花点时间，反思一下自己的未来是很有价值的。涉猎许多不同的领域，浅尝辄止，在此过程中尽可能多地积累知识，这是最好的策略吗？如果你想成为首席营销官或其他市场营销管理者，或者如果你正打算做副业或自己创业，最终将负责所有营销业务（虽然规模不大），这或许是一条绝佳的路径。或者，如果你计划在某一特定的企业组织内部实现更长远的职业生涯发展，提高职业安全感和自身价值，精通一个或多个数字领域的专业知识可以让你受益匪浅。

以下是一些需要注意的事项：据我所知，在拥有高度数字化专业技能的用户体验（UX）设计师中，没有多少人会变成像首席营销官那样的跨界通才。同样，跨界通才有“万事皆通，一事无成”的风险。我认为这两种策略没有好坏之分，可以将二者融合在一起，也不分孰优孰劣；你只需要关注自己的计划，充分了解自己的职业角色、参加的课程和会议以及与你工作相关的企业组织。用户体验设计师很可能成为首席营销官，但他们必须拓宽自己的知识面，才能实现这种转变。

我自己就是个很好的例子，毫不客气地说，我是一名跨界通才，这似乎对我的职业发展很有帮助。

破解营销困局，实现品牌成功：
灵活应对全面数字化

- 记住，从小处着眼。
  - 不要爱屋及乌，陷入从恋爱到离婚的无休止循环。你的恋爱对象对某种东西的热爱从来都没有你想象的那么强烈（职业爱好除外）。不要紧张，我只是打个比方。
  - 慢慢地开展数字投资活动，逐步扩大规模。
- 首先了解你的策略，然后列出一份绝对靠谱的必买物品清单；一开始，先不要着急购买这些所谓的必买物品。不要被供应商夸张的宣传吓到，你随时可以创建和添加各种功能和服务。哎呀！你购买的只是一款电子服务而已，不是汽车、酒店或体育场。

- 确定自己目前是专精人才，还是营销通才。
    - 对培训指导、职业发展和生涯轨道进行调整，助力你成为专精人才或跨界通才，满足相关职业成长需求。

挑战28

培养讲故事的能力

谁是你故事的主角，

是你自己，还是客户？

如果你正在从事市场营销方面的工作，需要联系两个人，与他们进行友好的交流或随访。我建议你下载他们的访谈节目，并读一读他们写的所有书，因为这对你的营销生涯极其重要。南希·杜瓦特和唐纳德·米勒的共同点（除了极佳的天赋和极具感染力的积极性格之外）是他们对主人公经历的关注。这两位专家给出了两项建议，帮助你避免陷入自身的营销困局：简化信息传递，把客户（而不是你自己或企业）塑造成主人公。南希·杜瓦特是通信战略公司杜阿尔特（Duarte）的创始人，公司总部位于北加利福尼亚州。她写了很多书，包括《演说：用幻灯片说服全世界》、《沟通：用故事产生共鸣》、《启迪》（*Illuminate*），以及最新推出的《数说故事》（*DataStory*）。她的系列著作和工具提升了我的整体沟通技能，改善了包括我搭建的平台（也许更重要的是那些我选择不搭建的平台）、发表的演讲、制作的文档以及讲述的故事在内的很多内容。针对那些希望提升沟通技能的个人，她的公司可以提供一系列开放注册课程。我曾在《与斯科特·米勒共话领导力》节目中对南希做过几次采访，她在讲故事技巧方面的知识和应用着实令人惊叹，足以转变你所在组织的信息传递方式。她在演讲中展示了自己过人的天赋，让人心服口服。我观看她的TED演讲，了解她称之为说服性的故事模式，并开始试着去模仿。在故事的开头、中间和结尾，你要不断地描述“是什么”“可能是什么”“是什么”“可能是什么”“是什么”和“可能是什么”，直到故事的主人公获得一种新的幸福体验，也就是你的行动召唤。富兰克林柯维公司的《与斯科特·米勒共话领导力》访谈南希的节目具有很大的价值，值得一听。

唐纳德·米勒是我在介绍“福乐鸡”那个章节中提到的一位作家，他也是纳什维尔通信公司“故事品牌（StoryBrand）”的首席执行官。

他打造的《打造有故事的品牌》播客绝对是必须订阅的精品节目。我惊讶地发现，在我们《与斯科特·米勒共话领导力》的嘉宾当中，很多人都订阅收听他的节目，而几乎所有的嘉宾都在自身领域拥有巨大的影响力。在唐纳德的诸多专业领域中，信息传递的实用主义是他的专长之一。

在我们的访谈中，唐纳德分享了一位成功企业家的故事，这位企业家开了一家油漆公司（建筑用漆之类）。在唐纳德主持的一次信息传递和品牌推广研讨会上，他遇到了这位企业家，并请他打开了他公司的网站。经过一番快速浏览，唐纳德带着尊敬的口吻表示，他的公司看起来更像是一家意大利餐厅，而不像是一家商业化的油漆公司。当然，这名企业家对自己的杰作也颇为自豪，甚至有些得意忘形，他不仅需要为自己的网站选择更好的图片（比如完工后的房屋和交付业务照片），还需要添加更加清晰的语言，以便客户能够快捷地理解他所提供的产品内容。虽然带着玩笑的口吻，但唐纳德表示，取一个非常显眼的标题，比如“我们给屎刷漆”这样稍显恶俗的表述，可以确保不会遗漏要点。这就是信息传递的实用主义。你在多大程度上夸大了自己的业务，或者分享了一些无关紧要的东西？这些东西可能是你自己的情感寄托，但与你提供的产品或服务无关，或者更重要的是，与你的客户需求无关。

这里的教训是什么？不是所有的信息都应该以故事的形式传达，也不是所有的故事都应该成为你信息的一部分。为了避免陷入营销困局，你需要对这两者进行区分。那么，什么信息应该上升到故事的层面呢？最简单的检验方法就是问一问，你讲的是关于谁的故事。在上面的例子中，油漆公司的企业家渴望讲述自己网站创作的故事。他完全有理由为此感到自豪，但作为一个营销故事，这就是一个困局。善于讲故事的营销人员会将他们的客户塑造成主人公（故事主角），而不是以自我为中心。

我们中有多少人在撰写网站文案、电子邮件广告、直邮、提案等文件时，会情不自禁地谈论企业组织在研发方面投入了多少资金？我们已经分析或采访了多少客户？我们与网页浏览者之类的客户进行过多少次这种类型的互动？我们做这行多久了？我们有多少间办公室？我们当初为什么要创办这家公司？我们的价值观是什么？我们的满意或退款政策是什么？太多关于我们自己的内容，却几乎没有任何与客户相关的东西。当然，建立我们的自身信誉也很重要，这部分内容可以放入网站上的“关于我们”，但不要将其放在故事的开头和中心位置。

在我看来，我们应该建立一种以客户（而非我们自己）为中心的关系，这是与客户建立联系过程中最大的困难之一。这并不是一件简单的事情，因为似乎存在一个持续不断的引力，将故事中心吸引到我们这一边，远离客户那一边。我们有充分的理由认识到这样一点：我们每个人都有自我价值感，对于我们所创造、实践或熟悉的东西，我们会全身心地投入。这种方式也算合情合理，但在我们自我陶醉的故事中，客户会努力寻找与他们自己相关的内容，但这种故事对他们来说，却没有多大用处。

如果你读了本书的致谢部分，你会发现，我有一个合作伙伴也参与了“破解困局，实现成功”系列的写作工作，这没有什么可奇怪的。在出版界，他们经常被称为“代笔人”，可以扮演不同的角色。一些作者口述著书，由“代笔人”将口述内容全部写出，并填补其间的空白。有人会去采访“作者”，然后开始工作，耗费几百个小时，为“作者”写书。另外一些“代笔人”则会联起手来，共同完成一本书的写作。所有这些都不是我们合作著书的方式。

我用“美式足球”来比喻自己与“代笔人”的关系。我把球传到五码线（有时是六码线，有时是一码线）的位置。他的工作是帮助我把球（每个章节）从红区带到终点区。令人遗憾的是，有时我把球传到他的手里，他叫了暂停，把球带回了二十码线。为什么会这样呢？因为他知道，如果不后退几码，我们最终只能获得射门得分，而不是触地得分。这位合作伙伴的名字叫普拉特·克拉克，是一位颇有建树的犹他州作家，他已经出版了一些图书，主要是小说类的书，目标受众是青少年。作为讲故事的大师，他既精通艺术，又精通科学。他最新的三部曲的第一本名叫《坏独角兽》（*Bad Unicorn*）（想一想公主新娘遇见哈利·波特的场景），这是我大儿子最喜欢的书之一。

当我们讨论营销人员经常面临的困局（即将自己视为故事的主角）时，他与我分享了一个极好的见解："讲故事可能会令人胆怯，因为它是开放式的。但事实上，故事形式只有四种：赢得、逃离、找回或阻止。或许问题可能是：你的客户需要做什么？赢得（某人的爱，通过送钻戒的方式）？逃离（沉闷的生活，通过乘坐游轮的方式）？找回（尊严，通过让头发变浓密的方式）？阻止（勃起功能障碍）？"

你的故事主角是客户，不是你自己的公司、任务或自己的辛勤努力。与你的团队成员或领导一起，坐下来讨论这一情理之中的问题，即不要总是将自己嵌入所讲的故事当中。更有可能的情况是，故事完全由你来操纵，以此来验证你所有的努力和成功。潜在客户并不关心你的公司是哪一年成立的，10年前你和谁合并的，或者你的曾祖父为什么选择这个公司名字（除非你有一家比萨店，菜单是纸质餐垫的两倍，供食客在等餐时阅读）。设身处地为顾客着想，想一想，他们如何赢得、逃离、找回或阻止与你所提供内容相关的东西。那才是他们关心的内容。当你能够轻而易举地完成这项活动时，你会惊讶，自己竟然能够构思出如此多的故事内容。

我和3个年幼的儿子一起培养我讲故事的能力，这听起来有些可笑。我们每天晚上履行一项"睡前故事"惯例（故事的时间持续至90分钟的情况越来越普遍……）；读完书后，我会关掉灯，即兴编一个故事。这些即兴的故事总会稍显荒谬，持续4—5分钟的时间，直到耗尽我所有的想象力。有些故事里含有幽灵、城堡、王子、消防员、棉花糖、割草机、女巫、风车……是的，这些元素都出现在同一个故事里。这些故事没有任何意义，也没有主题（除了放屁和拉屎的内容，把孩子们逗得非常开心）。这些虚构出来的故事天马行空，总是把孩子们纳入故事的中心，培养了我讲故事的能力，也让我愿意走出自己的舒适区，添加更多的细节内容，更好地巩固他们在旅程中的主人公地位。重申一下，故事的主角总是我的3

个儿子，不是我。抓住机会，编几个故事，顺其自然，讲到哪儿算哪儿。你会惊讶于自己竟然拥有如此丰富的想象力。

想要避免陷入常见的营销困局，就要知道如何编造引人入胜的故事，让你的客户不仅能与之关联起来，而且还能在故事中真正看到自己的身影。让你自己和团队成员保持警惕，不要简单地把客户塑造成你故事中的配角，而是心甘情愿地让他们当上主角。

破解营销困局，实现品牌成功：
培养讲故事的能力

- 确定你的受众人群，你想告诉他们什么，你的故事的寓意是什么。
    - 在你开始构思你的故事之前，把这些写下来。
    - 如果你找不到故事的寓意，那么这个故事可能就不值得讲了。
- 确定你的故事要回答的主要问题。
    - 忽略戴尔·卡内基这个建议："告诉听众你要说什么，说出来，然后告诉他们你说了什么。"
    - 将推动故事发展当作一个问题，这个问题在最后可以得到令人满意的回答。
- 接受这样一个事实：每个人都有值得分享的故事，包括营销人员。
    - 清除心理障碍，不要误以为你没什么值得分享的东西，允许自己适当地与他人分享自身的经历。

- 观看南希·杜瓦特的TED演讲。
    - 你越了解高超的故事讲述法门，你就越容易自然地构思故事，在故事中，你几乎可以毫不费力地将你的品牌与故事的主角（客户）结合在一起。
- 和你的孩子、配偶以及其他重要的人一起训练讲故事的技巧，或者参加写作小组。
    - 做一个富于创造力的人，享受生活的乐趣，让自己变得敏感起来，以此来培养自己讲故事的能力。有了足够多的代表性故事，你甚至可能会出现在下次文艺复兴节日的舞台上。

挑战29

培养写作能力

你如何将自己的想法简化成文字？

大约30年前，我参加了迪士尼开发公司的面试，面试官是部门副总裁。我清楚地记得自己当时的穿着：科尔哈恩的棕色系带鞋、笔挺的盖普卡其色裤子、拉尔夫劳伦系扣衬衫、格子领带以及必备的蓝色运动夹克。我怎么可能还记得这么清楚？20世纪90年代初，这是东海岸所有大学毕业生参加面试的标准服装——经典的面试装扮。

面试的岗位是我梦寐以求的机会，因为岗位工资是每小时17.75美元（在1993年，这简直是天降巨款），而且还可以进入一家财富500强公司工作。对于这次面试，我志在必得。

在与人力资源部副总裁进行了简短而亲切的交谈后（1分钟完成），我进入了副总裁那装修得相当气派的办公室。我坐在他的办公桌前，他快速浏览了一下我的简历（我不敢设想，23岁的时候，自己竟然能写出满满一页的内容）。他看完简历之后，抬头看着我，问了我一个让我终生难忘的问题：你如何将自己的想法简化成文字？

什么？

我这辈子从没从来没有听到过有人这样说话。将自己的想法简化成文字？他是问我能做口述笔录吗？我懂速记吗？我想让他重新表述一下这个问题，但幸运的是，我很快就放弃了这种回应方式（我这里所说的“很快”，意思是在十分之一秒内）。我以极度自信的语气，虚张声势地回答道：“我特别擅长，谢谢您能这么问，我确实有这种天赋。”

让我们重新回顾一下这段非同寻常的对话。他的问题我一个字都没听懂，但我却给出了令人满意的回答。

这不合常理啊？或许是吧。但是，我说过，我对这个工作志在必得，每小时17.75美元的工资，可以买很多卡其裤了。副总裁看着我，礼貌地笑了笑，说很高兴见到我，然后就让我离开了他的办公室。那天下午晚些时候，我接到了录用电话。

太棒啦！

此后，我再也没有想过“将自己的想法简化成文字”……直到3天后，我周一早上开始工作。

稍后再说我这次即将陷入的困局，因为我必须要转到与人力资源副总裁面试的细节分享。

副总裁是一位女士，沉着而干练。我当时还年轻，但还是清楚地知道，她会通过谈话对我进行个人分析，迪士尼非常擅长分析新员工。我们的会面持续了大约20分钟时间。她谈到了可能会给我分配的项目，并询问了我的教育背景和以前的工作经验（洗盘子、当服务员、割草坪和给汽车打蜡，这些工作算吗？），然后，她就问了我倒数第二个问题。她直截了当地问道：“哪首歌最能代表你这个人？”

什么？

她真的是在问哪首歌最能代表我这个人吗？她接下来会问我喜欢哪一个超级英雄吗？

我看了她一眼，确定她不是在开玩笑。没有任何犹豫，我直接给出了最佳答案，歌曲的名字带着一种“舍我其谁”的自信——格洛丽亚·埃斯特凡的《起来，站起来，行动起来》。

斯科特·米勒，胜券在握，不愁吃喝！

我在迪士尼工作了将近4年时间。现在回到我自己制造的营销困局。

在接下来的一周，我要发挥自己的写作“天赋”，向上级汇报工作。我的部分工作是协助修改设计新闻稿、市场活动邀请函、与公司合作伙伴的通信、幻灯片展示、商业计划，以及一整套“迪士尼品质”的私人和公共信件。毫不夸张地说，在迪士尼工作的整整4年时间里，我都在翻阅大学的公共关系教材（把书放在小隔间的桌子下面，在腿上摊开），绞尽脑汁地写出点儿东西，但与迪士尼的标准仍然相距甚远。用“一地鸡毛”来形容我的写作能力也不为过。我的文稿每一次都会被退回，上面布满了密密麻麻的标记，需要修改的地方比我高中时的英国文学论文还要多。这让我甚是尴尬，同时也心生胆怯，我花了数百个不眠之夜，确信自己装不下去了，将面临被公司解雇的风险。有一次，我写的东西实在是太烂了，午餐时，我当时的领导恰巧坐在我的对面，他的话深深地印在我的脑海里，30年后，我还能一字不差地回忆起来。他对我说：“斯科特，你不明白我的意思。我需要找一个懂我意思的人。”

实际上，我真的抓不住重点。我完全没有资格胜任这份工作，但在迪士尼工作的4年让我明白，不论我从事何种职业，在任何组织中担任何种职位，我都要弥补自己的写作缺陷。迪士尼送了我一份奇妙的礼物，让我认清自我，看到自身的缺陷，改变了我的营销生涯轨迹。

好吧，感谢你允许我沉浸在回忆的场景中。现在，正式说一说写作的问题。这是每个从事营销工作（或任何职业）的人都需要培养和掌握的能力。这是一个在美国泛滥的危机，在企业组织内部，很多人的写作能力都不尽如人意。好吧，也许有点夸张，但大多数人真的不会写作。在我去迪士尼工作的第一天（或者离职的那一天），我的写作能力都不达标；在我参加了一连串公关和写作课程之后，也没有什么进步。事实证明，将你的想法简化为文字的能力的意思是：你会写作吗？你能把脑子里的想法转换成令人信服的职业电子邮件、文件、信件或任何需要通知或说服某人的书面信函吗？你写出的东西是否简洁明了、有说服力、逻辑通顺、语法正确且保持风格一致？

不论你扮演怎样的职业角色，你都要学会写作，而且要写好。如要写好，只有一个办法。像约会一样，进行大量的练习。多多益善，越多越好。在我所遇到的大学毕业生中，没有人一毕业就能够进行专业的写作（抱歉，我说的是语言文学专业的学生）。这种技能只能通过反复实践来培养，比如说要进行成百上千次训练。这需要你一次又一次地努力完善自己的风格，使之与公司的风格相匹配。很多潜在的营销困局都与写作能力有关，培养写作技能的重要性再怎么强调也不过分。下面是一些对我有用的看法。你可能认为我这是在报复，但这是我的书（派对），我想写什么就写什么（想怎么玩就怎么玩）。

- **找一位写作能力较强的指导老师**。让他们带带你，传授给你一些智慧，带你进行最佳实践。这可能看起来不太现实，但如果你能找到一个写作经验丰富的同事，会让自己受益无穷。我发现这样一个规律：当人们拥有一项专长时，如果有人想跟他们学习，只要学习者付出努力去提高自己，几乎都能取得无限的进步。
- **在你的团队中找到帮你校阅的伙伴，找一位写作能力较强的成员，或者就近找一位同事，可以在一个固定的时间段请他帮助你**。向人求教起初可能会让你感到不自在，但长期来看，你可以从中受益良多。你看得越多，根据别人的建议修改得越多，你就能更快地将其融入自己的写作风格。你不可能在两周时间内提高自己的写作水平，而是要花几个月的时间，让别人帮你修改数百封电子邮件和备忘录。
- **可以考虑向不同的人请教，这样你就能获得各种不同的观点**。无论你做什么，都要感谢他们的反馈，不要有抵触情绪。每次起草一份重要文件，我总是会找很多人帮忙审阅，之后才会发送出去。这帮我避免了无数尴尬的场合，极大地提升了我的语法、标点、拼写、过渡等方面的能力。
- **邀请公司中写作经验丰富的同事，与你分享几个他们自己的写作样本**。这样，你就可以把它们放在手边，随时翻阅。不是抄袭，而是参照。
- **要认识到这样一点：写作就跟烹饪一样**。烘焙与烧烤截然不同，写网页、社交帖子和电子邮件与写提案、手册和法律文件也很不一样。了解内部工作和面向客户（或公众）的工作之间的细微差别，也是非常必要的，你可能需要采用截然不同的措辞和写作风格。

- **保持阅读**。关掉电视和收音机，让自己在阅读的海洋里徜徉，而不是沉迷于Netflix视频。你也可以考虑关闭一段时间的播客。读纸质作品是扩大词汇量最有效的方式。简单地说，阅读可以扩充你的词汇储备。我曾经读到过，著名的说唱歌手和词曲作家埃米纳姆（本名马歇尔·马瑟斯）为了增加词汇量，背下了词典中的重点词语，所以即兴说唱和创作歌曲对他来说会更容易一些。不管你喜不喜欢他，一项研究发现，他的歌词中出现8000多个不同的单词（相比之下，辣妹合唱团的歌词词汇量还不到1500）。20世纪90年代末英国流行音乐的粉丝们应该都有了解！
- **提高文本写作的过渡技巧**。句子之间的衔接需要流畅。文章的过渡要自然一些，不要太突兀。
- **记住，最重要的是要简洁明了**。很多人（包括我自己）会按照口语表达的方式进行写作，写出的东西既滑稽可笑，又令人费解。所以，越简洁越好。
- **精心组织文章的结构**。你是否理解结构的重要性，你在写文件时能否运用不同的模板，或者，你想到什么就写什么？段落与段落之间的连接应该顺畅。写好文章是一门科学，只有掌握了写作规则，才能有意识地打破规则。
- **探索可用的资源**。远程和现场研讨会可以提高你的写作技能。投入时间参加一些研讨会，对你的写作能力和企业品牌都有好处。

可悲的是，我从未见过任何人说自己不会写作。那些宣称会写作的人通常都不会写作。人们会毫不犹豫地承认自己不会拼写或不会做数学计算，但很少有人承认自己的写作能力不行。用库尔特·冯内古特的话说：“我们必须不停跳下悬崖，才能在掉落的过程中学会飞翔。”所以，买一些红笔，分发给你选定的同事（求教对象），告诉大家今年你要全力以赴，希望在他们的帮助下，自己的写作产生较大的改观。有了足够的练习和接受指导的意愿，你很快就能培养出超强的写作能力，将自己的想法简化成文字。对你来说，一切皆有可能！

破解营销困局，实现品牌成功：
培养写作能力

- 思考一下海明威的这句名言：“在写作这个行业，只有学徒，没有大师。”直面自身现状：别人会如何评价你的作品？家庭成员的评价除外。
- 列出你的写作优势和劣势。
    - 你是不是太啰唆了？
    - 你能将自己的想法自然地衔接在一起，实现平稳过渡吗？
    - 你的写作风格是否适合公司的品牌和所处的行业？
    - 适当发挥自身长处，制订计划，弥补自身短板（网上有成百上千的写作资源）。
- 确保手头有一本斯特伦克和怀特所著的英语写作圣经《风格的要素》。50多年来，这本书一直是语法的正确使用和其他写作主题的黄金标准。通读一遍，放在手边备用。
- 保持阅读，剖析自己喜欢的内容。
    - 阅读更多的小说、杂志文章、专业博客、传记和回忆录等，增加书面文字阅读的机会。
    - 评估主题、声音、词组转换、戏剧性结构或其他能让你产生共鸣的元素。
  - 如果情况合适，建立自己的写作模板。
- 创建一个表格来容纳你写的所有文本类型：电子邮件、广告文案、合同、网络帖子、营销文案，等等。
  - 在每种类型的旁边，指出所需的主要风格：说明性（解释某个概念），描述性（用文字描述人物、地方或事物的画面），说服性（说服某人做或者相信某事）和叙事性（传达一个故事，包括人物、场景和冲突）。
  - 上网学习所需风格类型的最佳技巧，并将其融入到你的写作中。

挑战30

设定并提升品质标准

组织中的每个人对品质的定义
能保持一致吗？

大约15年前，我担任一家公司的总经理，带领一个40人的团队，业务范围遍及美国15个州。我与核心支持团队共同在总部办公，大约有15名团队成员。我们就像一个紧密联系在一起的大家庭（“家庭”相关的利弊共存）。我扮演父亲的角色，像大多数父亲一样，我负责给出意见；同时也会伴随着为人“父母”带来的各种畅想和不安，也会有嫉妒心理，缺乏判断力和专业知识，同时还有很多其他麻烦。（也就是说，我们应该对自己的父母和公司的“父母”好一点，因为这两种角色都是吃力不讨好的角色，没有任何回报。）

我们办公室里有一个小复印室，里面放着每个人的信箱、打印机、所有办公用品，还有2003年的办公神器——传真机。业务联系依靠传真的情况持续了大约20年的时间。那时候还没有电子邮件和DocuSign文件扫描，如果你想在季度末签署一份合同，你就要花很多时间坐在旁边，紧盯着传真机，静静地等待，一边观察，一边祈祷。我还记得，那时我会将一卷传真专用纸装进传真机里，很久之后，人们才开始使用标准复印纸，将其装入打印机托盘。那个时候，我还在求学阶段，往返学校需要步行4英里，有时还要冒着大雪去上学……

有一天，我在复印室，一位同事正准备发传真。他正在填写重要的传真封面，因为大多数办公室的各个部门或大型团队之间会共用一台传真机，而且传真需要传送给正确的收件人。我不确定当时是怎样一种情况，但我站在他后面，看他正在发送的传真内容。（说实话，我很清楚为什么我是一个事无巨细、专横跋扈的领导，而且还是一个爱管闲事的人。）那位同事正愤怒地用笔刮擦着什么东西，我问他在干什么。他回答说，他正在给我们的一位内部顾问发传真，告知对方一些客户活动的细节，结果在封面上，他把对方的名字拼错了。接着就出现了令人惊恐的一幕：他小心翼翼地刮掉封面上的名字，样子看上去像一只痉挛发作的地鼠。

我深吸一口气，建议他换一张新的封面。他的回答令我终生难忘：

“没事啦，只是珍妮特而已。”

只是珍妮特而已？

我借此机会，给他上了一堂关于品质标准的课。没有所谓的“只是珍妮特而已”。业务范围不分内外，标准统一，绝无例外。每个人都值得收到一张干净的传真单，不论是传单的外表，还是传单的内容。

我强调对珍妮特的尊重是多么地重要，不要寄给她一份满是涂改和划痕的传真封面，但他却固执地说我吹毛求疵。我是在吹毛求疵，这正是本章的重点。

“只是一份传真而已，斯科特，别紧张”他说。

他又做了进一步的解释，我强调说，这不符合我们品牌的标准。然后，我用委婉的语气问他：对于他的品牌标准，这种情况是可以接受的吗？他想了一会儿，眨了眨眼，我知道我已经赢下了这场战斗（或许是一场战争）。这是两家公司之间的一场品牌之战。

没错——你认为企业可以接受的品质标准就是你的品牌的品质标准。

为什么呢？因为你设定的品质标准高低将对你所做的一切产生系统性影响。最终要么陷入困局，要么实现成功，一切都取决于你。

我曾参加过一场内部产品的发布会，同时参会的还有其他50名高级销售人员。下午休息的间隙，我们聚在走廊里，看看会务组准备了什么茶歇。茶歇是一项历史悠久的传统，在一整天的会议中，下午的茶歇至关重要，是丰盛的午餐之后补充能量的重要方式，能让与会者继续坚持几个小时，撑到会议结束。我们走到3.66米长的桌子前，盯着一个棕色的杂货店纸袋，袋子封口转向一边，中间撕开了一条口子，露出一块常温的软椒盐卷饼，还有一小瓶芥末酱，盖子上的封口膜还没有取下来。没有盘子，没有餐巾纸，没有餐具，什么也没有。这种摆放软椒盐卷饼的品质和细心程度还不如我6岁的儿子，至少他会很开心地用嘴撕掉芥末酱顶部的铝箔。

这里有什么品质问题呢？如果他们在茶歇上花费这样的心思，想象一下他们花在客户服务上的心思能有多少呢。最起码应该给软椒盐卷饼加热一下，放在浅盘里，把芥末挤在小碟子里；主办方准备的所有东西都在表示他们对与会者的轻视。不要以为我对椒盐卷饼过于挑剔，我不喜欢这种食物（不管是硬的或是软的）。但我知道如何尊重别人，以高品质的标准待人。而且，在食品摆放方面多花几分钟的心思，也不会有什么损失。

我在迪士尼开发公司（华特·迪士尼公司的子公司）工作了将近4年时间，学到了很多与品质相关的东西。你花100多美元买到迪士尼公园的通票，可以在里面逛一天……你会惊讶地发现其中利润是如此之少，因为他们在体验品质方面的投入是如此之多。实际上，他们的利润来自苏打水、气球、火鸡腿、棉花糖以及顾客离开公园时购买的毛绒玩具。迪士尼在成本和品质上都有很大的投入。作为一名内部员工，我非常清楚他们在员工培训、公园安全、完备的安全预防措施、新创意游乐设施的开发和体验以及内容授权许可方面所做的重大投资，以确保客户始终享受一流的服务体验。游乐设施、花车和娱乐场馆的维护及改进方面需要持续性的投入。迪士尼在品质方面是一个极好的范例，因此他们成立了迪士尼学院，便于供外部企业的团队学习“迪士尼的经营之道”。

富兰克林柯维公司有许多让我欣赏的地方，我很钦佩我们对品质的承诺。这体现在我们的勤奋研究、解决方案的设计、工具和视频的制作、顾问的指导技巧，以及其间客户看不到的每一个过程中。

这个标准包括我们营销和沟通工作的质量。作为一家全球性公司，我们发布的信息量令人眼花缭乱。我们在近100个国家和地区都设有办事处，信息的协调和更新是不间断的。我们对所有的“珍妮特”都一视同仁，就好像她们是唯一的“珍妮特”一样，她们与我们在一起的体验很重要。在准备公布某样东西时，我们有一套严格的检查体系。每一份重要的信件都必须通过“3人评审”程序，不包括那些帮忙起草信件的人。参与评审工作的3人必须经过精心挑选：首先选出6名经过首席营销官认定的具有评审资格的员工，预先批准成立一个小组，然后再从中挑选3人。如果存在任何争议，由首席评审员做出决定，我们会支持评审组的最终决定。你会惊讶地发现，在一个高手（包括作家、编辑和图书专家）云集的公司里，评审员常常要投出决定性的一票。这个过程看似荒谬，实则提升了所有人的工作品质，在我担任首席营销官的7年时间里，我们几乎没有出现任何打印错误（两处失误除外）。

想一想埃德和史蒂夫·萨博尔的故事，这父子俩制作了超级成功的美国国家橄榄球联盟电影。其他人只想通过视频捕捉比赛场面，而埃德则想用好莱坞电影的方式展示橄榄球运动。史蒂夫在接受哥伦比亚广播公司（CBS）的采访时，谈到了父亲决定用胶片而不是便宜得多的录像带进行拍摄的事情。“如果《指环王》是用录像带拍摄的，它所呈现的画面就缺少那种惊奇、宏大和魔幻的效果。我们是历史学家，我们是故事讲述者，我们是神话创造者。我们永远与胶片同在。”

艾德·萨博尔制定了他们的新兴公司应遵循的4项品质规则：

规则1：用胶片拍摄，而且只能用胶片，虽然胶片的成本要比录像带高很多。

规则2：至少要有一台摄像机缓慢移动，拍摄整个动作，虽然这样会消耗更多的胶片和成本。因此，人们经常说他们将暴力变成了美学。

规则3：不要忽视声音。

规则4：用神的声音来讲述电影。

正如埃德所言：“价格很快会被遗忘，而品质则能长存。任何事情都是如此。品质永远是第一位的。”

那位在复印室里刮擦传真封面的年轻人以后的职业生涯发生了重大转变：他后来事业有成，参与了很多工作，包括指导他人达到其自身的品质标准。后来，他离职了，拿到了MBA学位，去追求更好的职业发展。他和妻子育有3个男孩。不幸的是，在他被外派到怀俄明州工作期间，一天早上，他骑自行车上班途中，遇到一个醉酒的司机，被撞身亡。

马特·哈克，你的精神遗产留存在无数人的生活中，你永远不会被遗忘。我将《精准营销：更低投入，更高回报》这本书献给你。顺便说一下，我相信我们共同的朋友兼同事珍妮特会原谅你的；我把你发传真的故事作为本章挑战的主线，希望你能原谅我。要知道，你的妻子史黛西正在独自抚养你们的儿子，你应该为她感到骄傲。他们最近都来过我家，和我们一家共进晚餐，我惊讶地发现孩子们已经变成了彬彬有礼的小伙子了。我们想念你，马特。你是个好人！

不要刮擦你的传真封面，谦虚地请别人来校对你的文件，并接受他们的建议。不要酒后驾车。善待你的父母和领导。不管怎样，都要把软椒盐卷饼放进微波炉加热“15秒钟”。生命是如此短暂和宝贵，在生活和工作的每一个领域，都要保证最高的品质标准，表现出对生命最大的尊重。

破解营销困局，实现品牌成功：
设定并提升品质标准

- 要认识到这一点：在没有事实的情况下，人们会胡编乱造。这一永恒的公关原则与你在营销中的品质标准是关联在一起的。如果你没有为公司设定较高标准，其他人会设定他们自己的标准（通常要低于你和公司的期望）。
    - 花一些时间，直观地展示你对品质的期望。
    - 记住，清晰会使人精力充沛，困惑则会让人疲惫。
    - 团队中的每个人都清楚什么是可以接受的，什么是不可以接受的吗？如果存在任何困惑，都是你的责任。

- 丹尼斯连锁餐厅的每个厨房都挂着高清全彩的菜单照片，供厨师们查看，这是有原因的。把菜单照片挂在窗户上，有助于让厨师保持较高标准，让菜品在外观上（也希望是尝起来）与菜单的承诺保持一致。你会挂什么东西呢？
    - 不要认为你的品质就是标准。你应该知道，其他人可能有更高（或不同）的标准，或许最好采用他们的标准。
    - 你自己的期望符合现实吗？可复制吗？有可持续性吗？
    - 如果别人的品质标准比你的高，要足够谦逊，改变自己的想法，向高标准看齐。

结语

在本书出版之前，许多审稿人都给了我类似的反馈：“这既是一本关于领导力的书，也是一本关于营销的书。”

我想这种反馈是真实的，因为我整整30年的职业生涯都在致力于领导力的发展，而且我大部分的阅读内容都与商业和生活中的领导力相关。我职业生涯的大部分时间都是在销售和市场营销领域，我希望你们能从一些我职业生涯的指导原则中受益。我没有试图去追逐每一种趋势，发现每一种新兴的技术，或者为你提供一本营销技巧的大学指导教材。相反，我在努力分享有价值的经验教训，其中许多是我从自己陷入的困局中获得的；这样，你不仅可以避免让自己陷入这些困局，而且还可以思考如何利用这些经验来实现自己的成功。

“正视自身困局”已经成为我几乎每次演讲都要重复的口头禅。我决定，不管我的职业生涯下一次出现怎样的转折，我都要继续分享自身的困局，因为说实话，这些困局其实都是众所周知的东西。你也是一样，无论你当前处于职业生涯的哪个阶段，你过去都曾陷入过一大堆的困局，而且情况不容乐观，未来还会有更多的困局等着你。但关键在于：你承认自身陷入的困局越多，从中学到的东西越多，你就越能创造更安全的环境，让别人也可以毫无顾虑地承认自身的困局。

想象一下这样一种工作文化：领导者总是把他们的团队聚集在一起，梳理从他们最近的困局（不论大小）中吸取的教训以及从中总结的原则。这需要一定程度的心思细腻，而这恰恰是大多数领导者所欠缺的，因为他们有一种刻板印象，即领导者要高高在上，自信满满，根据自身学识和经验领导别人，并对自己的既定路线表现出坚定的信念。虽然，这其中也有一些好的方面，但总的来说，弊大于利。

人们希望与自己的领导者建立联系，跟他们学习，向他们倾诉自己对工作的热忱和担忧；与其分享令人兴奋的事情，承认自己遇到的麻烦；找领导者答疑解惑，吐露自己内心的恐惧。作为领导者，要承认自身困局，并将其变成学习的工具，这样，团队成员才愿意坐下来和你交流，推心置腹地分享他们的困局和成功。如果你能将本书的经验与《从管理混乱到领导成功：30个领导力挑战，成为你想追随的领导者》所讲的经验结合起来，与那些拒绝承认自身困局、摸索前行的人相比，你就有了很大的优势。

我更想写一本职业指南，而不是与营销基础相关的书。现在，我向你发出邀请：如果看到有人正在营销事业（或任何与之相关的事业）中苦苦挣扎，请考虑送他们一本。不是为了我，而是为了他们！帮助别人进行自我拯救是我职业生涯的标志性特征，我也曾多次受惠于那些对我和我的品牌形象表示关心的人们。因此，请接受我从自身成败得失中总结出的工作智慧，并将其纳入自身经验，更好地扮演领导者、同事、同伴、配偶和朋友的角色。

致 谢

当我第一次写《从管理混乱到领导成功：30个领导力挑战，成为你想追随的领导者》这本书时，我希望能够得到读者的好评（因为除了在领英上发表过几十篇文章外，我从未公开用自己的名字写过文章）。这本书成为了数周之内的畅销书，并获得了BookPal的杰出文献作品（OWL）领导力类奖项。这点燃了我内心的热情，我希望分享更多的自身困局（不要担心，30年的职业生涯给了我足够的素材），所以接下来就写了《精准营销：更低投入，更高回报》这本书。

现在表达我的感谢：

感谢科勒尔盖布尔斯和芒果出版公司（Mango Publishing）的创始人兼出版人克里斯·麦金尼。每次与他交谈，都能让我的内心归于平静。我们两个人在很多方面都很相似，面对不断变化的世界，在出版界能与他成为知己，实则人生一大幸事。他打造的芒果出版团队已经成为出版界的佼佼者；这可能就是为什么在很短的时间内，芒果出版公司被公认为美国成长最快的独立出版商的原因。

MJ·菲弗是我在芒果公司的编辑和参谋。他是一位优秀的作家，曾用多种语言出版过作品，当我无法将脑海中浮现出的想法变成文字时，他给我提供了宝贵的指导。他既是给我灵感的缪斯，也是我的“文学治疗师”，同时还是对我进行基础辅导的“中小学校长”。对于我的写作风格来说，与他合作是一次完美的组合。

许多朋友和同事慷慨地抽出宝贵时间，阅读这本书，提供了数百个编辑意见，包括他们喜欢什么和讨厌什么。这群忠实的读者包括：

苏·达特·道格拉斯、拉法特·菲尔兹、瓦莱丽和巴里·布恩、斯科特·毕肖普、斯坦·蒂博、玛丽安·菲利普斯、迈克尔·米勒、玛丽·克拉夫特、乔恩·洛夫格伦、黛布·隆德、保罗·沃克、詹妮弗·斯坦莱克、劳里·霍金斯，以及其他更多的人，这里肯定会有遗漏。感谢你们无私奉献时间和给予我支持。

感谢我的妻子斯蒂芬妮·米勒，她是我的知己兼批评者，也是我最好的朋友，她把整本书逐字逐句地通读了好几遍。虽然她没有任何营销学背景，但是，当我遇到一些荒谬的事情（无论是在生活中，还是在这本书中）时，她都是我的完美顾问。

感谢富兰克林柯维公司的同事德鲁·杨，是他最初提出了“破解困局，实现成功”系列的想法。除了作者、编辑和出版人等人的努力，还有德鲁的天才想法，才有了这个图书系列。所以，如果你不喜欢这本书，要怪就怪德鲁吧。

兰尼·霍斯和里德·拉特，感谢你们两位出色的文案编辑以及在法律许可等幕后工作方面为本书出版所付出的努力。

感谢“破解困局，实现成功”系列的设计师普拉特·克拉克。他是我值得信赖的写作伙伴。普拉特是个天才。感谢他的耐心、幽默和坚持，最重要的是他对我即兴的、有时令人费解而且经常毫无逻辑的写作风格的宽容，这是完成本书手稿的关键，借此才有望让每位读者都能从中受益。

谢谢你，普拉特。

关于作者

在他过去25年的从业生涯里，斯科特·米勒曾担任首席营销官和执行副总裁，目前担任富兰克林柯维公司的思想领导力高级顾问，负责公司的畅销书和思想领导力的战略、发展和出版工作。

米勒主持了富兰克林柯维公司赞助的《与斯科特·米勒共话领导力》播客节目，这是世界上规模最大、发展速度最快的领导力播客，每周有600多万人参加。米勒还是《美国商业周刊》（*Inc.*）和《犹他商业杂志》（*Utah Business*）的领导力专栏作家，并主持每周一次的iHeart电台节目《美妙的生活，成功的事业》（*Great Life, Great Career*）。

米勒是"破解困局，实现成功"系列丛书的作者，包括《从管理混乱到领导成功：30个领导力挑战，成为你想追随的领导者》以及即将面世的《精准营销：更低投入，更高回报》）和《破解工作困局，实现职业成功》。他是《华尔街日报》畅销书《每个人值得拥有杰出的经理人：领导团队的6个关键：人人值得拥有一位出色的领导》的合著者，而且还著有《洞察：来自30位伟大思想者的真知灼见》（*Master Mentors: 30 Transformative Insights From Our Greatest Minds*）一书（中文简体版本由中国青年出版社于2021年9月出版），该书收录了他对我们这个时代的领先思想家的访谈记录，其中包括赛斯·高汀、苏珊·凯恩、斯蒂芬妮·麦克马洪、斯坦利·麦克里斯特尔将军等。

除了支持富兰克林柯维公司的全球思想领导力工作，米勒还创建了"开启你的天赋"™系列指导，帮助领导者实现职业生涯从变数向定数的转变。他还主持了富兰克林柯维公司2021年4月推出的“每月书友会”系列活动，与世界知名作家对话。

在担任首席营销官和业务发展执行副总裁之前，斯科特曾担任富兰克林柯维公司芝加哥和英国办事处的总经理和客户合伙人。作为一名广受欢迎的演讲者和播客嘉宾，他已经向数十个行业的数百名观众展示了他“大浪淘沙始见金”的独特旅程，讲述自己如何在竞争激烈的企业文化中茁壮成长，最终成为一名出色的领导者的宝贵经历。

米勒于1992年在迪士尼开发公司（华特迪士尼公司旗下的房地产开发分部）开始了他的职业生涯，他是当时开发团队的创始成员，参与了佛罗里达州庆典小镇的设计。

斯科特现在与妻子和3个儿子共同居住在盐湖城。

回顾《从管理混乱到领导成功：30个领导力挑战，成为你想追随的领导者》一书中的30个挑战：

挑战1 保持谦逊	**挑战2** 富足心态	**挑战3** 先倾听对方	**挑战4** 表明意图	**挑战5** 信守承诺
挑战6 掌控自己的情绪	**挑战7** 激发信任	**挑战8** 角色平衡	**挑战9** 知人善任	**挑战10** 经营关系
挑战11 审视你的思维方式	**挑战12** 进行高难度谈话	**挑战13** 直言不讳	**挑战14** 平衡勇气和体谅	**挑战15** 表现忠诚
挑战16 让人们敢于说真话	**挑战17** 纠正错误	**挑战18** 辅导潜能	**挑战19** 防止团队疲于应对紧急情况	**挑战20** 定期进行一对一面谈
挑战21 允许他人聪明	**挑战22** 创建愿景	**挑战23** 明确至关重要目标®（WIGs®）	**挑战24** 推进至关重要目标®（WIGs®）	**挑战25** 确保系统支持使命
挑战26 交付结果	**挑战27** 庆祝胜利	**挑战28** 做出高价值决策	**挑战29** 引领变革	**挑战30** 追求卓越

《与斯科特·米勒共话领导力》节目嘉宾简介或谈论主题表

史蒂芬·M.R.柯维（Stephen M.R. Covey）	《信任的速度》
苏珊·凯恩（Susan Cain）	《安静：内向性格的竞争力》
托德·戴维斯（Todd Davis）	《人生算法：已被证实的使个人和团队变得更好的15个套路》
莉兹·怀斯曼（Liz Wiseman）	《团队赋能：打造快速成长的高效能团队》
科丽·科歌昂（Kory Kogon）	《激发个人效能的五个选择》
希鲁姆·史密斯（Hyrum Smith）	《生命中最重要的》
医学博士丹尼尔·亚蒙（Daniel Amen, MD）	《幸福人生，从善待大脑开始》
桑迪·罗杰斯（Sandy Rogers）	《粘度思维：如何提升员工和客户的忠诚度》
丹尼尔·平克（Daniel Pink）	《时机管理：完美时机的隐秘模式》
叙泽特·布莱克莫尔（Suzette Blakemore）	《项目管理精华：给非职业项目经理人的项目管理书》
赛斯·高汀（Seth Godin）	《这才是营销》
克里斯·麦克切斯尼（Chris McChesney）	《高效能人士的执行4原则》
埃里克·巴克（Eric Barker）	《有效努力：放大你的核心优势》
肖恩·柯维（Sean Covey）	《杰出青少年的7个习惯》
莱娜·林内（Leena Rinne）	《激发个人效能的五个选择》
南希·杜瓦特（Nancy Duarte）	《演说：用幻灯片说服全世界》
大卫·西贝特和吉塞拉·温德林（David Sibbet & Gisela Wendling）	《视觉咨询》

（续表）

多丽丝·卡恩斯·古德温（Doris Kearns Goodwin）	《运筹帷幄》
凯伦·迪伦（Karen Dillon）	《你要如何衡量你的人生》
马尔凯·巴尼（Marché Barney）	《展示和引导技巧》
德维特·琼斯（Dewitt Jones）	《领导力的本质》
斯坦利·麦克里斯特尔上将（General Stanley McChrystal）	《领导者：神话与现实》
耐莉·加兰（Nely Galán）	《最好的投资是投资自己》
周慧安（Anne Chow）	美国电话电报公司首席执行官
朗尼·摩尔和加里·麦奎尔（Lonnie Moore & Gary McGuey）	富兰克林柯维公司资深教育顾问
茱莉·摩根斯坦（Julie Morgenstern）	《父母时间安排》
多里·克拉克（Dorie Clark）	《脱颖而出》
惠特尼·约翰逊（Whitney Johnson）	《颠覆式成长》
兰迪·伊利格（Randy Illig）	《真抓实干》
苏珊·大卫博士（Susan David, PhD）	《情绪灵敏度》
肖恩·穆恩（Shawn Moon）	《释放潜能》
劳拉·万德坎姆（Laura Vanderkam）	《一流成功人士早餐前都做什么》
盖伊·川崎（Guy Kawasaki）	《硅谷传奇：盖伊的创意启示录》
帕梅拉·富勒（Pamela Fuller）	《无意识偏见》
斯蒂芬妮·麦克曼（Stephanie McMahon）	世界摔角娱乐公司首席品牌官
鲍勃·惠特曼（Bob Whitman）	富兰克林柯维公司主席兼CEO
玛丽莎·奥尔（Marissa Orr）	《探身窗外》

（续表）

柯蒂斯·琼斯博士（Curtis Jones, PhD）	2019年年度校长
格雷琴·鲁宾（Gretchen Rubin）	《秩序给我自由》
艾伦·汤普森（Aaron Thompson）	富兰克林柯维公司招聘总监
吉姆·斯科特（Kim Scott）	《彻底坦率：一种有温度而真诚的领导》
多纳德·米勒（Donald Miller）	《你的顾客需要一个好故事》
珍·查茨基（Jean Chatzky）	《同工不同酬》
朱利安·特雷热（Julian Treasure）	《怎样说话人们才会听》
穆里尔·萨默斯（Muriel Summers）	美国联邦蓝带学校校长
霍华德·罗斯（Howard Ross）	《每日偏见》
杰伊·帕帕桑（Jay Papasan）	《最重要的事情只有一件》
比尔·恩瓦尔（Bill Engvall）	蓝领喜剧公司喜剧演员
保罗·怀特博士（Paul White, PhD）	《赞赏的五种语言》
维多利亚·罗斯·奥尔森（Victoria Roos Olsson）	《每个人值得拥有杰出的经理人》
切斯特·埃尔顿（Chester Elton）	《最佳团队笑到最后》
乔恩·戈登（Jon Gordon）	《能量巴士》
迈克尔·海厄特（Michael Hyatt）	《深度专注力》
立夫·巴宾（Leif Babin）	《极限控制》
帕蒂·麦考德（Patty McCord）	《影响力》
大卫·艾普斯坦（David Epstein）	《跨能致胜》
特莱艾·特伦恩特博士（Tererai Trent, PhD）	《被唤醒的女人》

（续表）

丹尼尔 · 科伊尔（Daniel Coyle）	《文化密码》
杰弗里 · 摩尔（Geoffrey Moore）	《跨越鸿沟》
朱莉 · 卓（Julie Julie）	《硬核晋升》
雷切尔 · 霍利斯（Rachel Hollis）	《醒醒吧，女孩儿》
戴安娜 · 奥布莱恩（Diana O’Brien）	德勤美国全球首席营销官
克里斯汀 · 乌尔默（Kristen Ulmer）	《恐惧的艺术》
汤姆 · 拉思（Tom Rath）	《人生重大问题》
乔尔 · 彼得森（Joel Peterson）	《创业创新领导力》
尼尔 · 艾亚尔（Nir Eyal）	《专注力管理》
莱恩 · 霍利得（Ryan Holiday）	《宁静的力量》
肖恩 · 埃科尔（Shawn Achor）	《发现你的积极优势》
玛丽 · 弗里奥（ Marie Forleo）	《凡事皆有出路》
戴夫 · 霍利斯（Dave Hollis）	《打破自我禁锢》
图里亚 · 皮特（Turia Pitt）	《面具之下》
丽塔 · 麦格拉思（Rita McGrath）	《拐点》
伊丽莎白 · 斯马特（Elizabeth Smart）	《我的噩梦》
埃德 · 迈莱特（Ed Mylett）	《尽情享受生活》
蒂芙妮 · 施兰（Tiffany Shlain）	《24/6：每周断网一天会怎样》
约翰 · 格雷（John Gray）	《男人来自火星，女人来自金星》
特伦特 · 谢尔顿（Trent Shelton）	《最出色的你》
斯特曼 · 格雷厄姆（Stedman Graham）	《特性领导力》
格雷格 · 摩尔（Greg Moore）	普利策奖委员会联合主席

（续表）

约翰·麦克斯韦尔（John Maxwell）	《领袖王者归来》
杰克·坎菲尔（Jack Canfield）	《心灵鸡汤》
塔莎·欧里希（Tasha Eurich）	《深度洞察力》
博比·赫雷拉（Bobby Herrera）	《奋斗的天赋》
贾妮丝·布莱恩特·霍罗伊德（Janice Bryant Howroyd）	《遍体鳞伤》
尼克·胡哲（Nick Vujicic）	《人生不设限》
迈克·柯尼希斯（Mike Koenigs）	《抗癌企业家》
亚当·戴维森（Adam Davidson）	《激情经济》
B.J.·福格（B.J. Fogg）	《福格行为模型》
布伦丹·伯查德（Brendon Burchard）	《高效习惯》
多夫·巴伦（Dov Baron）	《极度忠诚》
旺达·华莱士（Wanda Wallace）	《你不可能无所不知》
贾尼斯·卡普兰（Janice Kaplan）	《天才女人》
马德琳·莱文（Madeline Levine）	《就位与否》
M.J.·菲耶夫尔（M.J. Fievre）	《桀骜不驯的黑人女孩》
莱尔德·汉密尔顿	《生命骑士》
大卫·鲁宾斯坦（David Rubenstein）	《如何领导》
帕特里克·贝特-戴维（Patrick Bet-David）	《你的下五步：掌握商业战略的艺术》
彼得·威尼克（Peter Winick）	意见领袖影响力公司创始人
克里斯·霍根（Chris Hogan）	《每日百万富翁》
亚历山大·奥斯特瓦德（Alex Osterwalder）	《商业模式新生代》

（续表）

毛罗·吉伦（Mauro Guillén）	《2030》
奥桑·瓦罗（Ozan Varol）	《像火箭科学家一样思考》
托比亚斯·贝克（Tobias Beck）	《钻石思维》
海顿·肖（Haydn Shaw）	《症结》
迈克尔·辛普森（Michael Simpson）、卡莉·萨德勒（Kari Saddler）、玛丽亚·沙利文（Maria Sullivan）	《释放潜能》
马修·麦康纳（Matthew McConaughey）	《绿灯》

FranklinCovey

品　牌　故　事

三十多年前，当史蒂芬·R. 柯维（Stephen R. Covey）和希鲁姆·W. 史密斯（Hyrum W. Smith）在各自领域开展研究以帮助个人和组织提升绩效时，他们都注意到一个核心问题——人的因素。专研领导力发展的柯维博士发现，志向远大的个人往往违背其渴望成功所依托的根本性原则，却期望改变环境、结果或合作伙伴，而非改变自我。专研生产力的希鲁姆先生发现，制订重要目标时，人们对实现目标所需的原则、专业知识、流程和工具所知甚少。

柯维博士和希鲁姆先生都意识到，解决问题的根源在于帮助人们改变行为模式。经过多年的测试、研究和经验积累，他们同时发现，持续性的行为变革不仅仅需要培训内容，还需要个人和组织采取全新的思维方式，掌握和实践更好的全新行为模式，直至习惯养成为止。柯维博士在其经典著作《高效能人士的七个习惯》中公布了其研究结果，该书现已成为世界上最具影响力的图书之一。在富兰克林规划系统（Franklin Planning System）的基础上，希鲁姆先生创建了一种基于结果的规划方法，该方法风靡全球，并从根本上改变了个人和组织增加生产力的方式。他们还分别创建了「柯维领导力中心」和「Franklin Quest公司」，旨在扩大其全球影响力。1997年，上述两个组织合并，由此诞生了如今的富兰克林柯维公司（FranklinCovey, NYSE: FC）。

如今，富兰克林柯维公司已成为全球值得信赖的领导力公司，帮助组织提升绩效的前沿领导者。富兰克林柯维与您合作，在影响组织持续成功的四个关键领域（领导力、个人效能、文化和业务成果）中实现大规模的行为改变。我们结合基于数十年研发的强大内容、专家顾问和讲师，以及支持和强化能够持续发生行为改变的创新技术来实现这一目标。我们独特的方法始于人类效能的永恒原则。通过与我们合作，您将为组织中每个地区、每个层级的员工提供他们所需的思维方式、技能和工具，辅导他们完成影响之旅——一次变革性的学习体验。我们提供达成突破性成果的公式——内容+人+技术——富兰克林柯维完美整合了这三个方面，帮助领导者和团队达到新的绩效水平并更好地协同工作，从而带来卓越的业务成果。

富兰克林柯维公司足迹遍布全球160多个国家，拥有超过2000名员工，超过10万个企业内部认证讲师，共同致力于同一个使命：帮助世界各地的员工和组织成就卓越。本着坚定不移的原则，基于业已验证的实践基础，我们为客户提供知识、工具、方法、培训和思维领导力。富兰克林柯维公司每年服务超过15000家客户，包括90%的财富100强公司、75%以上的财富500强公司，以及数千家中小型企业和诸多政府机构和教育机构。

富兰克林柯维公司的备受赞誉的知识体系和学习经验充分体现在一系列的培训咨询产品中，并且可以根据组织和个人的需求定制。富兰克林柯维公司拥有经验丰富的顾问和讲师团队，能够将我们的产品内容和服务定制化，以多元化的交付方式满足您的人才、文化及业务需求。

富兰克林柯维公司自1996年进入中国，目前在北京、上海、广州、深圳设有分公司。

www.franklincovey.com.cn

更多详细信息请联系我们：

北京　朝阳区光华路1号北京嘉里中心写字楼南楼24层2418&2430室
电话：（8610）8529 6928　　邮箱：marketingbj@franklincoveychina.cn

上海　黄浦区淮海中路381号上海中环广场28楼2825室
电话：（8621）6391 5888　　邮箱：marketingsh@franklincoveychina.cn

广州　天河区华夏路26号雅居乐中心31楼F08室
电话：（8620）8558 1860　　邮箱：marketinggz@franklincoveychina.cn

深圳　福田区福华三路与金田路交汇处鼎和大厦21层C02室
电话：（86755）8337 3806　　邮箱：marketingsz@franklincoveychina.cn

柯维公众号

柯维视频号

柯维+

富兰克林柯维中国数字化解决方案：

「柯维+」(Coveyplus）是富兰克林柯维中国公司从2020年开始投资开发的数字化内容和学习管理平台，面向企业客户，以音频、视频和文字的形式传播富兰克林柯维独家版权的原创精品内容，覆盖富兰克林柯维公司全系列产品内容。

「柯维+」数字化内容的交付轻盈便捷，让客户能够用有限的预算将知识普及到最大的范围，是一种借助数字技术创造的高性价比交付方式。

如果您有兴趣评估「柯维+」的适用性，请添加微信coveyplus，联系柯维数字化学习团队的专员以获得体验账号。

富兰克林柯维公司在中国提供的解决方案包括：

I. 领导力发展：

高效能人士的七个习惯®(标准版) The 7 Habits of Highly Effective People®	THE 7 HABITS of Highly Effective People® SIGNATURE EDITION 4.0	提高个体的生产力及影响力，培养更加高效且有责任感的成年人。
高效能人士的七个习惯®(基础版) The 7 Habits of Highly Effective People® Foundations	THE 7 HABITS of Highly Effective People® FOUNDATIONS	提高整体员工效能及个人成长以走向更加成熟和高绩效表现。
高效能经理的七个习惯® The 7 Habits® for Manager	THE 7 HABITS® FOR Managers ESSENTIAL SKILLS AND TOOLS FOR LEADING TEAMS	领导团队与他人一起实现可持续成果的基本技能和工具。
领导者实践七个习惯® The 7 Habits® Leader Implementation	THE 7 HABITS® Leader Implementation COACHING YOUR TEAM TO HIGHER PERFORMANCE	基于七个习惯的理论工具辅导团队成员实现高绩效表现。
卓越领导4大天职™ The 4 Essential Roles of Leadership™	The 4 Essential Roles of LEADERSHIP™	卓越的领导者有意识地领导自己和团队与这些角色保持一致。
领导团队6关键™ The 6 Critical Practices for Leading a Team™	THE 6 CRIRICAL PRACTICES FOR LEADING A TEAM™	提供有效领导他人的关键角色所需的思维方式、技能和工具。
乘法领导者® Multipliers®	LIZ WISEMAN'S MULTIPLIERS® HOW THE BEST LEADERS IGNITE EVERYONE'S INTELLIGENCE	卓越的领导者需要激发每一个人的智慧以取得优秀的绩效结果。
无意识偏见™ Unconscious Bias™	UNCONSCIOUS BIAS™	帮助领导者和团队成员解决无意识偏见从而提高组织的绩效。
找到原因™：成功创新的关键 Find Out Why™: The Key to Successful Innovation	Find Out WHY™ THE KEY TO SUCCESSFUL INNOVATION	深入了解客户所期望的体验，利用这些知识来推动成功的创新。
变革管理™ Change Management™	CHANGE How to Turn Uncertainty Into Opportunity™	学习可预测的变化模式并驾驭它以便有意识地确定如何前进。

培养商业敏感度™ Building Business Acumen™	Building Business Acumen™	提升员工专业化，看到组织运作方式和他们如何影响最终盈利。

II. 战略共识落地：

高效执行四原则® The 4 Disciplines of Execution®	4DX The 4 Disciplines of Execution®	为组织和领导者提供创建高绩效文化及战略目标落地的系统。

III. 个人效能精进：

激发个人效能的五个选择® The 5 Choices to Extraordinary Productivity®	THE 5 CHOICES® to extraordinary productivity	将原则与神经科学相结合，更好地管理决策力、专注力和精力。
项目管理精华™ Project Management Essentials for the Unofficial Project Manager™	PROJECT MANAGEMENT ESSENTIALS™ For the *Unofficial* Project Manager	项目管理协会与富兰克林柯维联合研发以成功完成每类项目。
高级商务演示® Presentation Advantage®	Presentation Advantage® TOOLS FOR HIGHLY EFFECTIVE COMMUNICATION	学习科学演讲技能以便在知识时代更好地影响和说服他人。
高级商务写作® Writing Advantage®	Writing Advantage® TOOLS FOR HIGHLY EFFECTIVE COMMUNICATION	专业技能提高生产力，促进解决问题，减少沟通失败，建立信誉。
高级商务会议® Meeting Advantage®	Meeting Advantage® TOOLS FOR HIGHLY EFFECTIVE COMMUNICATION	高效会议促使参与者投入、负责并有助于提高人际技能和产能。

IV. 信任：

信任的速度™（经理版） Leading at the Speed of Trust™	Leading at the SPEED OF TRUST™	引领团队充满活力和参与度，更有效地协作以取得可持续成果。
信任的速度®(基础版) Speed of Trust®: Foundations	SPEED OF TRUST. FOUNDATIONS	建立信任是一项可学习的技能以提升沟通，创造力和参与度。

V. 顾问式销售：

帮助客户成功® Helping Clients Succeed®	HELPING CLIENTS SUCCEED®	运用世界顶级的思维方式和技能来完成更多的有效销售。

VI. 客户忠诚度：

引领客户忠诚度™ Leading Customer Loyalty™	LEADING CUSTOMER LOYALTY™	学习如何自下而上地引领员工和客户成为组织的衷心推动者。

助力组织和个人成就卓越

富兰克林柯维管理经典著作

《高效能人士的七个习惯》
（30周年纪念版）（2020新版）

书号：9787515360430
定价：79.00元

《高效能家庭的7个习惯》

书号：9787500652946
定价：59.00元

《高效能人士的第八个习惯》

书号：9787500660958
定价：59.00元

《要事第一》（升级版）

书号：9787515363998
定价：79.00元

《高效执行4原则2.0》

书号：9787515366708
定价：69.90元

《高效能人士的领导准则》

书号：9787515342597
定价：59.00元

《信任的速度》

书号：9787500682875
定价：59.00元

《项目管理精华》

书号：9787515341132
定价：33.00元

《信任和激励》

书号：9787515368825
定价：59.90元

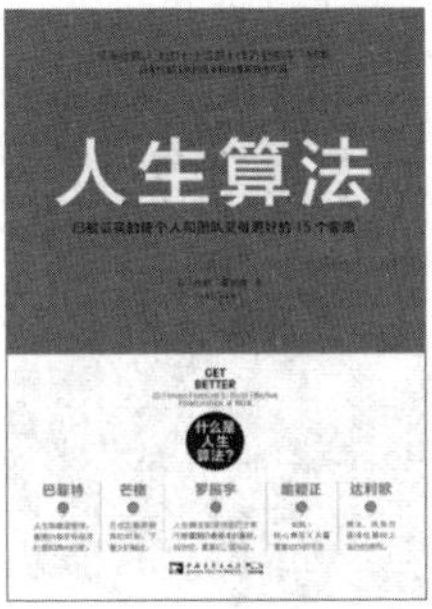

《人生算法》

书号：9787515346588
定价：49.00元

《领导团队6关键》

书号：9787515365916
定价：59.90元

《无意识偏见》

书号：9787515365800
定价：59.90元

《从管理混乱到领导成功》

书号：9787515360386
定价：69.00元

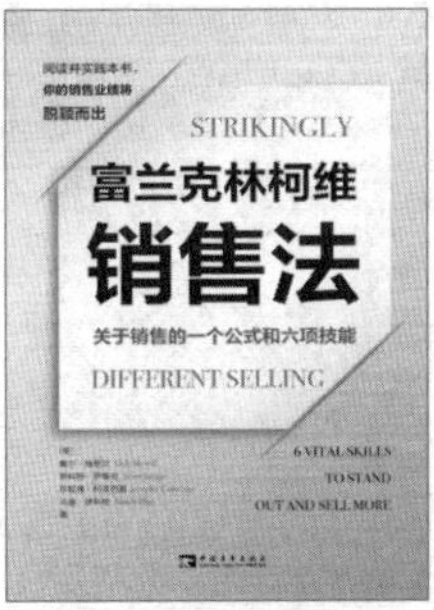

《富兰克林柯维销售法》

书号：9787515366388
定价：49.00元

《实践7个习惯》

书号：9787500655404
定价：59.00元

《生命中最重要的》

书号：9787500654032
定价：59.00元

《释放天赋》

书号：9787515350653
定价：69.00元

《管理精要》

书号：9787515306063
定价：39.00元

《执行精要》

书号：9787515306605
定价：49.90元

《领导力精要》

书号：9787515306704
定价：39.00元

《杰出青少年的7个习惯》（精英版）

书号：9787515342672
定价：39.00元

《杰出青少年的7个习惯》（成长版）

书号：9787515335155
定价：29.00元

《杰出青少年的6个决定》（领袖版）

书号：9787515342658
定价：49.90元

《7个习惯教出优秀学生》（第2版）

书号：9787515342573
定价：39.90元

《如何让员工成为企业的竞争优势》

书号：9787515333519
定价：39.00元

《如何管理时间》

书号：9787515344485
定价：29.80元

《如何管理自己》

书号：9787515342795
定价：29.80元

《激发个人效能的五个选择》

书号：9787515332222
定价：29.00元

《高效能人士的时间和个人管理法则》

书号：9787515319452
定价：49.00元

《释放潜能》

书号：9787515332895
定价：39.00元

《公司在下一盘很大的棋，机会留给靠谱的人》

书号：9787515334790
定价：29.80元

《柯维的智慧》

书号：9787515316871
定价：79.00元

《高效能人士的七个习惯·每周挑战并激励自己的52张卡片：30周年纪念卡片》

书号：9787515367064
定价：299.00元